GIULIO TEMPERA

SEGNALI DI BORSA

Le Rivelazioni per Riconoscere i Segnali, Anticipare l'Andamento del Mercato e Trarne Profitto

Titolo

"SEGNALI DI BORSA"

Autore

Giulio Tempera

Editore

Bruno Editore

Sito internet

www.brunoeditore.it

Sommario

Introduzione

Sono stato un "cassettista", ossia un investitore tranquillo in fondi comuni dei risparmi di tutta la famiglia, dal 1999 al 2007. Poi, ritrovandomi una piccola cifra disinvestita, mi cimentai nell'acquisto diretto di un titolo che in quel momento, secondo gli addetti ai lavori, prometteva bene.

Guadagnai il 100% circa in un paio di mesi. Apriti cielo... era stato così facile, mentre io normalmente impiegavo un anno per guadagnare un 20%. Da quel momento incominciai a interessarmi di grafici, fondamentali, notizie sui titoli, dati macroeconomici.

Nel tempo mi appassionai particolarmente all'andamento degli indici internazionali e a tutti i metodi che si potevano applicare per prevederne gli andamenti futuri.

E così iniziai a studiare software che con pochi dati promettevano risultati fantastici, cicli di borsa come quelli delle stagioni, analisi fondamentale, analisi tecnica (supporti, resistenze, doppi minimi e doppi massimi, pattern, trend), oscillatori, volatilità.

Tutti i metodi, almeno quelli seri, si basavano però su ciò che era avvenuto in passato, come se gli eventi si potessero ripetere all'infinto, date delle variabili di fondo.

Tuttavia mi resi anche conto che, il più delle volte, ciò che poteva essere in qualche modo definito da questi ritmi era completamente stravolto da quello che accadeva durante la giornata di contrattazione, tanto che poi si cercava di spiegare il tutto in vari modi: «Il dato macro è positivo e quindi la borsa sale…» (ma in altri casi, con il dato macro positivo, il mercato ha preferito realizzare sulla notizia, *sell on news*); oppure: «Il dato è negativo e il mercato scende…» (ma in altri casi, il mercato ha digerito il dato negativo e si è messo a salire).

In pratica, col senno di poi tutto era spiegabile, anche ciò che era impossibile prevedere. Poiché l'unica cosa che mi è sempre stata chiara è che dietro grossi movimenti ci sono mani forti, il problema consisteva nel capire come si potesse "vedere" il modo in cui queste mani forti agivano, per seguirne le orme e quindi anticipare i movimenti del mercato.

Fu così che mi imbattei, quasi per caso, in quelli che definirò "segnali", ma che in realtà sono la traccia visibilissima degli acquisti e delle vendite delle mani forti, riportati sul grafico dei prezzi. In altri casi, invece, i segnali sono dei veri e propri *alert* lanciati a mercato per chi deve prendere determinate posizioni al rialzo o al ribasso nell'immediato.

Esistono vari tipi di segnali. Alcuni sono allarmi, inviati tutti i giorni a due orari fissi, altri sono segnali che vengono generati dal rapidissimo movimento per "bruciare" tutte le posizioni contrarie a quello che invece le mani forti vogliono mettere in atto. Solo ingenti capitali possono produrre quei movimenti, e parliamo di 200-300 milioni di dollari mossi sul mercato americano quasi tutti i giorni.

Tuttavia, mi sento di fare anche un'altra considerazione: non è che le cosiddette mani forti si mettano d'accordo su quale indirizzo prendere un giorno o un altro o a una data ora ecc., bensì sono i computer che generano, a velocità inimmaginabile e secondo algoritmi ben precisi, le posizioni da assumere sul mercato e tutta una serie di movimenti, spesso non facilmente comprensibili ai più, che rispondono a una loro logica, di cui fanno parte anche le "candele" che vi mostrerò.

Queste macchine sono programmate per fare quel lavoro, e lo svolgono benissimo, ma lasciano una scia che è sempre visibile.

GIORNO 1:
Come riconoscere i tipi di segnali

Come ho anticipato nell'Introduzione, esistono vari tipi di segnali. Qui definiremo tutti i tipi di segnali trovati sui grafici.

Esistono segnali che hanno una valenza temporale diversa (di breve, medio e lungo termine), e segnali che hanno una cadenza temporale diversa (tutti i giorni agli stessi orari, oppure random, cioè casuali).

I segnali del primo tipo sono stati ritrovati tutti su strumenti finanziari (cioè titoli o strumenti similari) quotati negli Stati Uniti, mentre quelli del secondo tipo, solo su un indice europeo; quelli random, infine, sono stati individuati su strumenti finanziari quotati solo negli Stati Uniti.

In ogni caso, questi segnali o influenzano la giornata borsistica non appena escono, tanto che gli scambi si vivacizzano immediatamente, oppure esercitano la loro influenza il giorno successivo alla loro uscita (ma anche in questo caso, trattandosi di pochi minuti prima della chiusura delle contrattazioni, si vede un certo movimento). In altri casi, essi influenzano le settimane o i mesi successivi, e sono quelli che veramente mi hanno colpito, visto che stanno a significare che oggi possiamo già sapere dove saranno i mercati fra sei mesi o un anno.

SEGRETO n. 1: esistono segnali con cadenza e valenza temporale diversa che influenzano l'andamento della borsa il giorno stesso, il giorno dopo o i mesi successivi alla loro uscita.

Una precisazione è d'obbligo: la peculiarità di questi segnali è che non sono sempre visibili, per diversi motivi. Il primo è il settaggio usato, cioè il tipo di grafico che impostate e il tempo a cui riferite la visualizzazione (infatti posso guardare un grafico semplicemente rappresentato da una linea dei prezzi o invece a "candele", oppure posso visualizzare un grafico guardando cosa accade minuto dopo minuto oppure ogni cinque minuti o ogni ora).

Il secondo motivo, nonché il più importante, è il fatto che solo alcune piattaforme di trading li riportano, mentre per altre questi scambi non vengono registrati, come se non fossero mai avvenuti.

Un analista finanziario, l'unico al quale ho mostrato qualcuno di questi segnali, mi ha confidato di essersi imbattuto una sola volta in una di queste candele, che aveva definito "pazza" in quanto aveva creduto si trattasse di errori delle piattaforme di trading.

Quindi, anche chi li ha visti non li ha mai correttamente interpretati, oppure sa bene come funzionano ma si è tenuto stretto il segreto...

SEGRETO n. 2: i segnali non sono sempre visibili: la loro visibilità dipende dal tipo di grafico e di piattaforma.

Faccio un esempio. Grafico rappresentato semplicemente da una linea:

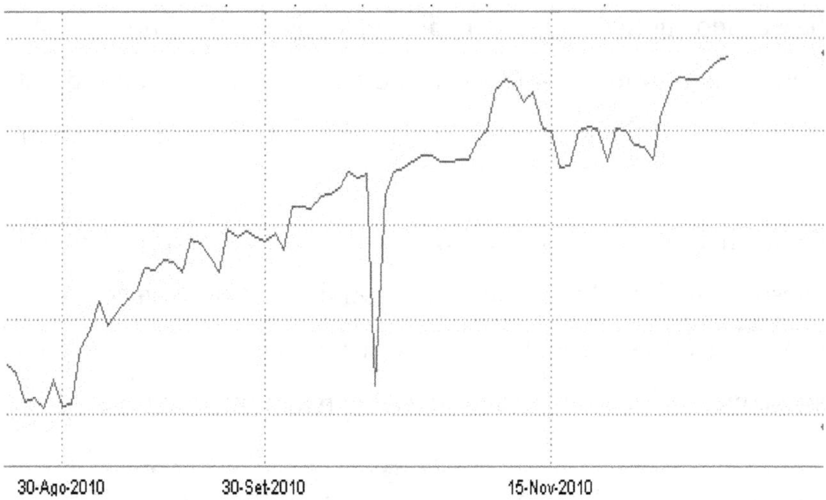

Stesso grafico rappresentato da candele:

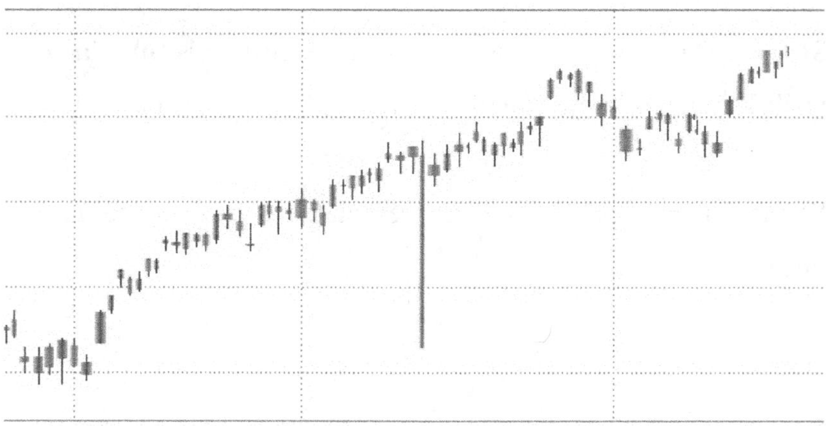

Grafico in cui sono visibili i segnali:

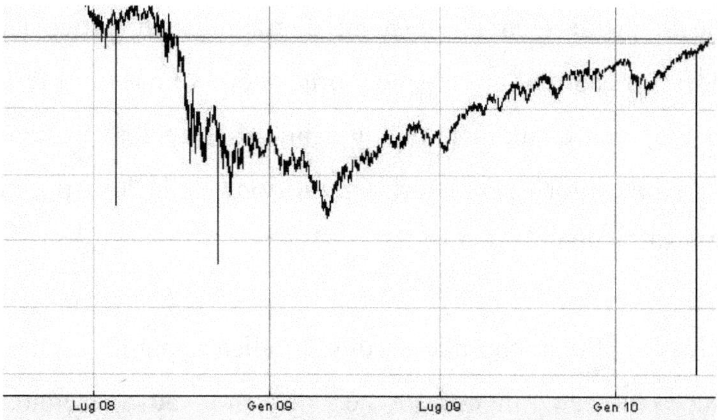

Stesso grafico ma segnali assenti:

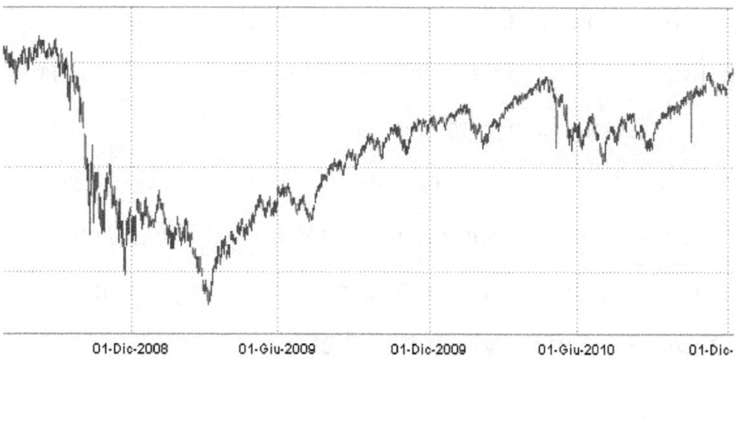

Tutti i segnali che sono stati trovati su titoli o indici americani rappresentano scambi *realmente* avvenuti e il segnale emerge perché in pochi secondi i sistemi di trading automatico hanno partorito un enorme movimento, "bruciando" (è questo il termine borsistico) una quantità inimmaginabile di stop loss posizionati dai vari investitori/speculatori a protezione della loro posizione assunta sul mercato.

Stop loss significa stop alle perdite e indica appunto la massima perdita che un investitore è disposto ad accettare in un'operazione.

È chiaro che, se stiamo pensando a un rialzo e i prezzi invece scendono, mettiamo uno stop per perdere il meno possibile. Se le mani forti (cioè coloro che hanno mezzi finanziari tali da poter smuovere in un senso o nell'altro il mercato) generano un movimento al ribasso, gli stop loss vengono bruciati mano a mano che si continua a scendere, innescando con ciò un movimento profondo (perché più si scende e più stop vengono presi), salvo poi ritornare su, ottenendo di fatto l'effetto voluto.

Immaginiamo infatti che chi genera il movimento invece di vendere posizioni le acquisti (mentre gli altri vendono a catena). Il prezzo medio di acquisto sarà tale che, una volta tornati su, dopo pochi secondi già ci si ritrova in tasca diversi punti percentuali di guadagno. Da qui quelle enormi candele, che rappresentano il segnale, che troveremo sui grafici dei prezzi.

Tutti i segnali che sono stati trovati sull'unico indice europeo, invece, *non esistono*. Quello scambio non è mai avvenuto nella realtà e quelli ritrovati sono probabilmente buchi nei sistemi informatici, dove il semplice cambio di orario può provocare, sulla sola piattaforma di trading in cui sono stati rilevati, questo tipo di indicazioni: delle enormi candele di prezzi che sono *oro* per chi le ha sapute correttamente interpretare.

Infatti, poiché in questo secondo caso stiamo parlando di movimenti che vanno dal punto percentuale ai 3 punti percentuali di scostamento, capite bene l'importanza di sapere in anticipo quale sarà il movimento del mercato per poter decidere da quale punto posizionarsi al rialzo o al ribasso.

SEGRETO n. 3: gli scambi indicati su titoli o indici americani sono realmente avvenuti, al contrario di quelli presenti sull'indice europeo.

Se pensate che un semplice investitore privato, con un investimento, a seconda della piattaforma in uso e della leva richiesta dalla banca (intendendo per leva il margine che la banca richiede a garanzia di copertura dell'investimento in derivati futuri), può ottenere un ritorno dal 30% al 100% in un periodo di tempo che va dai quindici minuti a un giorno (sto parlando quindi di due contratti future di una cifra che va dai 2500 ai 7500 euro), immaginate cosa possa fare, e parlo solo del mercato italiano, una SIM che investa mediamente quattrocento contratti (quindi andiamo da 500.000 a 1.500.000 euro nello stesso periodo di tempo). Se poi immaginiamo di ottenere questo risultato tutti i giorni, capiamo che in breve tempo si costruisce una fortuna.

La cosa che più mi ha colpito sono stati chiaramente questi segnali falsi, e per me è tuttora inimmaginabile come sia stato possibile architettare una cosa del genere.

Di questi segnali ne conservo circa sessanta, quasi tutti riportati nel corso dell'ebook. Per vederli, ho usato un particolare settaggio relativo alla modalità di visualizzazione (tipo di grafico, *time frame* ecc.).

C'è da dire che la piattaforma dove li ho trovati, forse accorgendosi della presenza di uno spettatore indesiderato, in un primo momento ha cancellato i grafici passati (dal 28 agosto 2009 a ritroso) e poi, a partire dal 30 aprile 2010, ha cessato, senza alcuna spiegazione, la pubblicazione dei grafici degli strumenti finanziari dove i segnali si "vedevano", limitandosi ad avvisare che da quel giorno i grafici non sarebbero più stati disponibili.

SEGRETO n. 4: alcuni segnali passati sono stati cancellati senza alcuna spiegazione, quindi non è più possibile visualizzarli.

Poiché si tratta di indici di borsa europei fra i più conosciuti, è chiaro che i responsabili della piattaforma in questione si sono resi conto che c'era qualcosa che non andava e hanno cessato la visualizzazione.

Capite bene che la decisione di eliminare quattro indici dalla propria piattaforma la dice lunga sull'importanza di ciò che è stato trovato.

È come se in Italia una piattaforma di trading ci dicesse che puoi vedere i grafici delle valute ma non quello relativo all'indice guida. Oppure, che puoi vedere il grafico di tutti i titoli tranne Fiat e Unicredit, che sono quelli dove si muove la massa dei capitali.

RIEPILOGO DEL GIORNO 1:

- SEGRETO n. 1: esistono segnali con cadenza e valenza temporale diversa che influenzano l'andamento della borsa il giorno stesso, il giorno dopo o i mesi successivi alla loro uscita.
- SEGRETO n. 2: i segnali non sono sempre visibili: la loro visibilità dipende dal tipo di grafico e di piattaforma.
- SEGRETO n. 3: gli scambi indicati su titoli o indici americani sono realmente avvenuti, al contrario di quelli presenti sull'indice europeo.
- SEGRETO n. 4: alcuni segnali passati sono stati cancellati senza alcuna spiegazione, quindi non è più possibile visualizzarli.

GIORNO 2: Come interpretare i segnali di medio e lungo termine

Per segnali di medio e lungo termine intendiamo quelli che hanno valenza dal mese all'anno di distanza rispetto alla loro uscita.

Questi segnali sono casuali, cioè possono essere ritrovati sui grafici, con opportuni settaggi, in qualsiasi momento della giornata. Per quanto riguarda la loro frequenza, diciamo che ne ho trovati solo tre, ma sempre con riferimento agli strumenti che tengo sotto osservazione, per cui nulla toglie che su altri strumenti appaiano altri segnali di questa portata.

SEGRETO n. 5: i segnali di medio e lungo termine possono comparire in qualsiasi momento della giornata e riguardano la fascia temporale compresa tra un mese e un anno dalla loro uscita.

Nel grafico seguente vediamo tutti e tre questi segnali e tutti dovrebbero indicare un futuro ribasso. Non ho trovato, invece, segnali rialzisti di questa portata (negli ultimi tre anni), tranne che per una particolarità che segnalerò più avanti.

Il primo dei tre segnali indicava il futuro ribasso e, con estrema precisione (ed è questa la cosa più sconvolgente), il punto di arrivo del ribasso stesso. Pertanto, da quel punto in poi, si sarebbe invertita direzione.

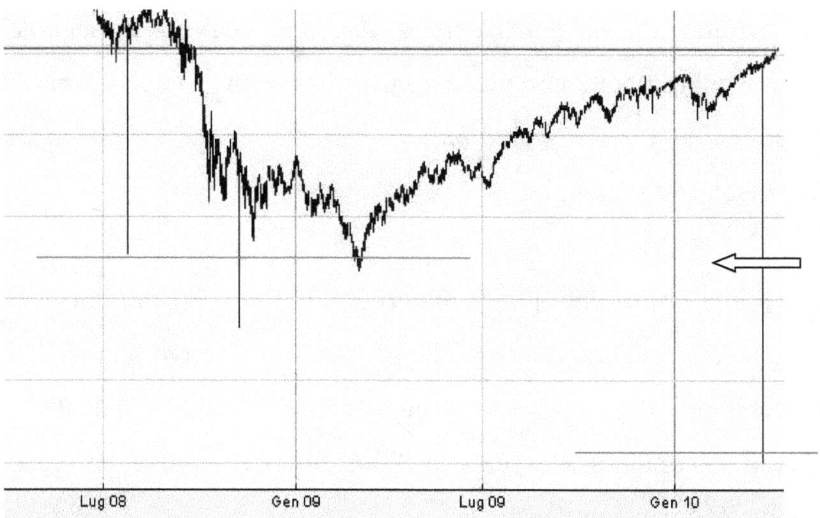

Questo segnale è stato ritrovato su uno strumento finanziario americano. Si scambiano giornalmente centinaia di milioni di dollari su questo strumento.

Guardate il minimo della candela della fine di luglio 2008. E guardate dove termina il ribasso del marzo 2009 e dove inizia un rialzo che è stato definito il più grande rally borsistico degli ultimi cento anni.

Intanto, analizziamo cosa succede quando esce un segnale simile: innanzitutto, *c'è un movimento in direzione opposta al segnale stesso* (infatti notate una piccola salita durata circa venti giorni di borsa), *dopo di che si inizia inesorabilmente a seguire la candela* (così viene definita in borsa).

Quasi alla perfezione, poi, a marzo 2009 si tocca il minimo e si comincia a risalire. Notate che il punto di arrivo del rialzo successivo è dato proprio dal culmine della candela del 2008. Quindi, non solo si è saputo dal 2008 fin dove si sarebbe scesi, ma anche dove si tornava.

Il fatto che, arrivati alla base della candela, si torni indietro è una mia idea, suffragata da quello che ho visto in seguito.

SEGRETO n. 6: all'uscita di un segnale a medio e lungo termine, inizialmente si verifica un movimento in direzione opposta, poi si segue la candela.

Abbiamo successivamente una candela del dicembre 2009 che, a differenza di quella precedente, fu seguita da subito, senza tuttavia mai arrivare a "coprirla": questo fatto sembra inspiegabile, ma evidentemente il default delle borse è stato solo rinviato. Già da questo grafico si vede poi il segnale uscito il 31 marzo 2010, che ha dell'incredibile se sarà seguito tutto, come tuttavia si è già iniziato a fare.

Infatti, dopo una salita di circa venti giorni di borsa aperta (notate l'identica durata della salita rispetto al segnale precedente – il tutto fatto, credo, per distribuire sapientemente a prezzi alti tutti i pacchetti azionari al "parco buoi", cioè la massa dei risparmiatori che investono in borsa, convinti di un rialzo infinito), inizia una discesa, che è quella culminata pure nel famoso *flash crash* del 6 maggio 2010, quando l'indice guida americano ha perso 1000 punti circa in un solo giorno. Coincidenze? Chissà.

NASDAQ Last Sale 117.30 0.3 ▲ 0.26%	
Volume 77,692,472	Previous Close $ 117
Today's High $ 117.5200	Today's Low $ 20.1800
52 Wk High $ 118.1666	52 Wk Low $ 78.33
NASDAQ Official Price	
Open Price/Date $ 116.92 Mar 31, 2010	Close Price/Date $ 116.97 Mar 31, 2010
1y Target Est N/A	

In questo prospetto faccio notare che sul sito del Nasdaq, il mercato americano dei titoli tecnologici, si riporta un'escursione delle quotazioni in quel preciso giorno che ha dell'incredibile, poiché mostra che il titolo è passato dai 20,18 dollari (minimo giornaliero) ai 117,52 dollari (massimo giornaliero).

Considerate che questo non è un titolo spazzatura, come vengono definiti quei titoletti americani che quotano sotto il dollaro e hanno escursioni giornaliere anche del 500%, ma uno strumento finanziario che ha movimenti giornalieri contenuti. Questo testimonia che la candela era vera.

SEGRETO n. 7: a testimoniare la veridicità della candela, il sito del Nasdaq riporta un'incredibile escursione delle quotazioni in quella stessa giornata.

Anche se è incredibile, quel segnale, se seguito dai prezzi, condurrebbe a un ribasso delle borse mondiali dell'80% circa dai massimi segnati ad aprile 2010: in pratica, a circa la metà dei famosi minimi del marzo 2009 (consideriamo che il minimo di marzo 2009 è stato 666 per l'indice guida delle borse mondiali, lo SP500).

A questo proposito volevo far notare anche la componente superstizioso-cabalistica in borsa, dove a un minimo epocale (666 è il numero dell'Anticristo) potrebbe poi contrapporsi un altro minimo che potrei ricercare in 333 (una perfetta Trinità). Sia ben chiaro che sono cose in cui non credo ma, come mi diceva un collega, «...guarda che la gente crede in queste cose e la componente superstiziosa non è affatto da escludere».

Lungi da me fare il catastrofista e affermare con certezza che le borse fra un anno o due circa saranno lì: questi segnali sono oggettivi e non passibili di interpretazione. Poiché in passato si sono comportati così (e vedremo che su qualsiasi tipo di strumento si comportano sempre allo stesso modo, sia che ci riferiamo al lungo termine che al breve termine), è statisticamente più probabile che si vada nella direzione da loro indicata piuttosto che per un'altra strada. Se poi il seguito sarà quello di sempre, da lì partirebbe un rialzo potente e favoloso per i prossimi anni.

Un'altra cosa strana che però ho notato è che questo segnale, così come quelli precedenti, non compare più sulla piattaforma dove è stato per circa due anni; infatti, volendo riprendere quello strumento finanziario e vedere il grafico, le tre candele al ribasso sono tutte scomparse. Tuttavia, come dimostrato, lo scambio c'è stato. Ma guardiamo appunto il grafico come si presenta ora:

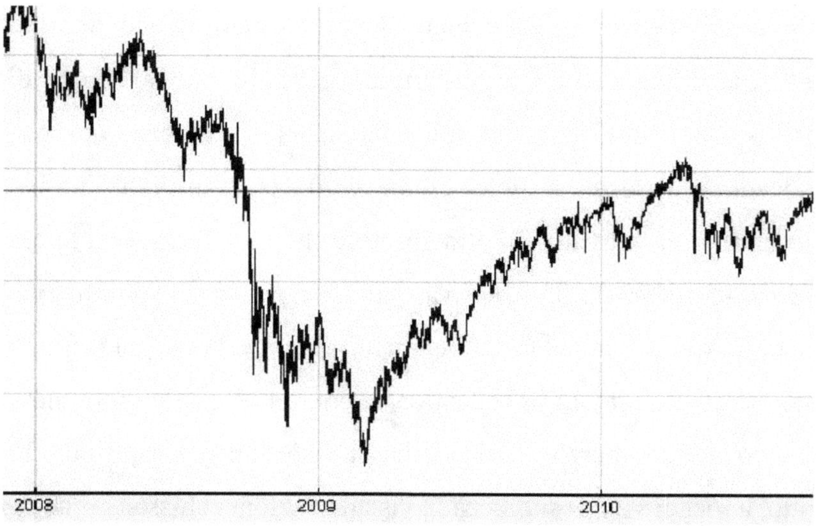

Fra l'altro, avendo intenzione, già dal momento in cui incontrai per la prima volta i segnali che vedremo successivamente, di scrivere un saggio sull'argomento, riportai il segnale su un forum di borsa, prima parlandone senza mostrarlo e poi pubblicandolo. Ne fornii l'interpretazione, ma nessuno mostrò alcun interesse, quanto piuttosto incredulità e scetticismo, salvo poi ricredersi visto che dal ventesimo giorno successivo alla sua uscita, come segnalato, iniziò il ribasso annuale più consistente, quasi il 15% in nove sessioni di borsa.

L'indirizzo del forum e i principali post in merito sono riportati nell'Appendice dell'opera. Il grafico è aggiornato ai primi di ottobre 2010 e le candele sono scomparse… Poiché, tuttavia, andando a ritroso, si poteva con pazienza risalire al grafico giornaliero, ho trovato un'altra sorpresa: la piattaforma su cui era uscito quel segnale si bloccava, sul *time frame* un minuto (ma anche su quello cinque minuti o altri *time frame* brevi), ai primi di maggio 2010, con ciò impedendo di vedere la candela giornaliera almeno del 31 marzo 2010. Come si vede dal grafico riportato sotto, a maggio 2010 si blocca la visualizzazione, chissà perché…

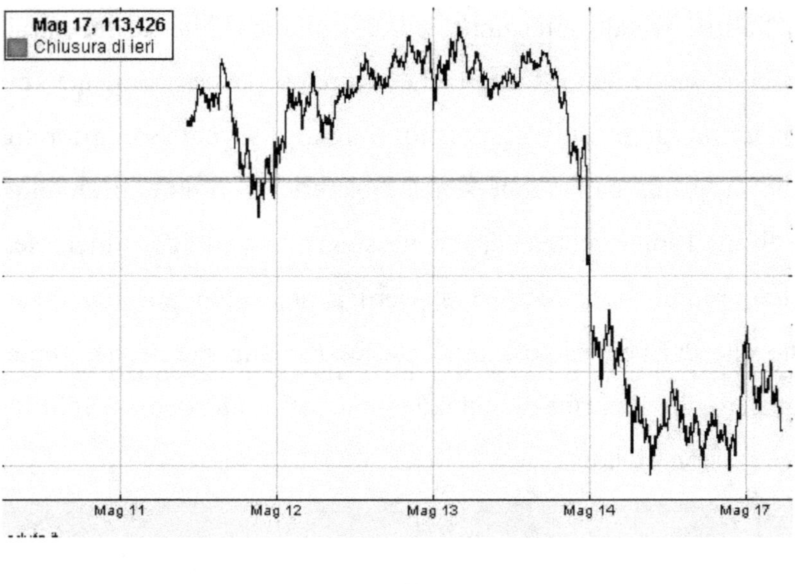

Ma per tutto quello che ho scritto in merito e per le risposte avute, rinvio all'Appendice.

Fra l'altro, faccio notare cosa avevo scovato pochi giorni prima sullo stesso strumento finanziario: dopo la chiusura del mercato normale in after hour, come si dice, era uscita questa enorme candela senza alcun senso:

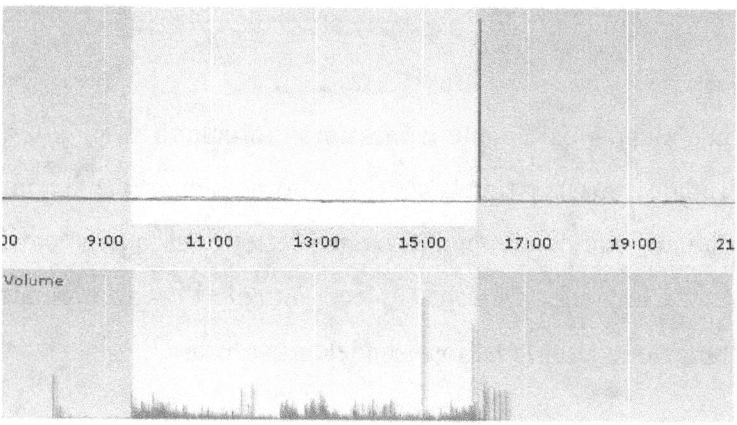

Il Nasdaq riportava lo scambio come segue:

3/29/2010 6:02:21 AM Market Closed

NASDAQ Last Sale

117.30 0.718 ▲ 0.62%

Volume 113,914,592	Previous Close $ 116.582
Today's High $ 166.6600	Today's Low $ 116.1200
52 Wk High $ 118.1666	52 Wk Low $ 77.96

NASDAQ Official Price

Open Price/Date $ 116.90 Mar 26, 2010	Close Price/Date $ 116.66 Mar 26, 2010

1y Target Est
N/A

Si vede chiaramente come il massimo giornaliero si sia attestato sui 166,66 (questa sequela di 6 che torna sempre) e il grafico giornaliero quindi si appiattisca per effetto di quella candela enorme. Cinque giorni dopo, invece, durante l'orario normale di contrattazione, uscì la famosa candela ribassista.

Veniamo ora a considerare altri due segnali molto importanti, entrambi usciti su indici americani, uno al rialzo e uno al ribasso.

Il primo ha segnalato l'inizio del rialzo dal luglio 2009 scorso:

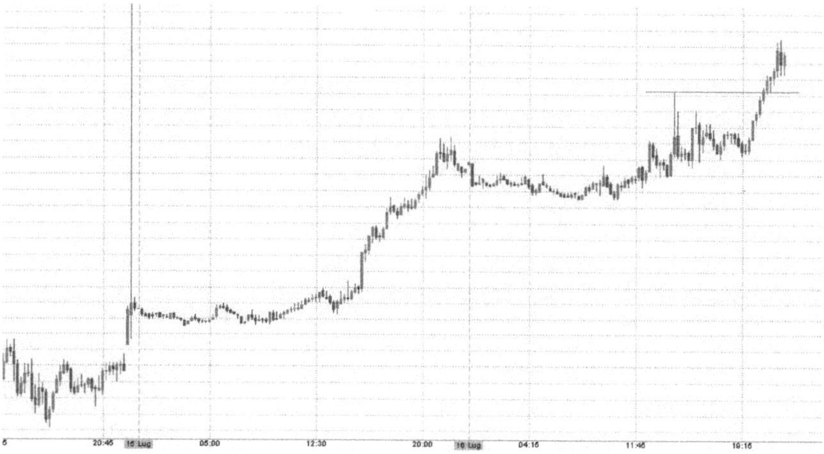

Questo segnale è stato il primo in assoluto notato su questo strumento finanziario ed è stato perfettamente coperto dai prezzi nei giorni successivi, fra l'altro spingendosi ben più in alto prima di iniziare a correggere verso il basso.

Il secondo ha segnalato l'inizio del ribasso dal febbraio 2010. Questo secondo segnale è stato notato su un forum di finanza anche da un'altra persona, che però non ha saputo dargli una spiegazione. Il segnale, il giorno dopo la sua comparsa, è stato cancellato dalla piattaforma su cui è uscito, come se quello scambio non fosse mai esistito.

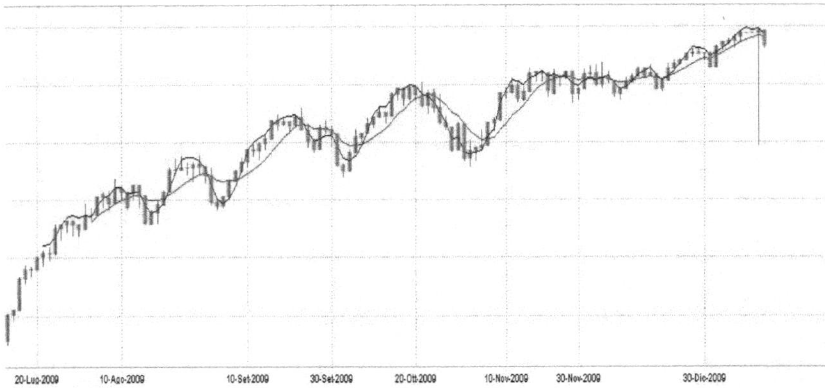

Ho messo di proposito la candela rossa successiva per far vedere come, uscito il segnale, il prezzo ha subito iniziato a seguirlo, facendoci assistere in pochi giorni a una severa correzione in borsa.

Chiaramente e come sempre, *arrivati a coprire il segnale, per la solita regola, si fa dietro front e si ricomincia prepotentemente a salire.*

Voi direte che è incredibile e sicuramente una coincidenza, ma così non è a quanto pare, e la precisione quasi chirurgica con la quale i prezzi rincorrono la candela mi fa appunto pensare che solo delle macchine preposte a gestire milioni di scambi possano partorire una cosa del genere. L’eventuale sfasatura deriva chiaramente dagli scambi invece reali, di operatori che si sono trovati in momenti di grosso guadagno o di grossa perdita a mantenere o a chiudere le loro posizioni.

Voglio dire, cioè, che i computer, arrivati a svolgere il loro compito, si sarebbero fermati e avrebbero pure invertito con precisione, mentre le piccole differenze sono dovute a chi ha effettuato scambi su quei limiti – a noi poveri “esseri umani”, per intenderci.

SEGRETO n. 8: il movimento arriva a coprire la candela con precisione, tanto da far pensare a delle macchine preposte a gestire milioni di scambi.

Nell’immagine successiva si vede benissimo l’esatta copertura e il tragitto inverso; la cosa, ripeto, sembra incredibile, ma se vi facessi vedere tutti gli strumenti, anche italiani, dove ho trovato che il movimento si è perfettamente ripetuto, voi direste: «Ma come ho fatto a non vedere e a non capire…»

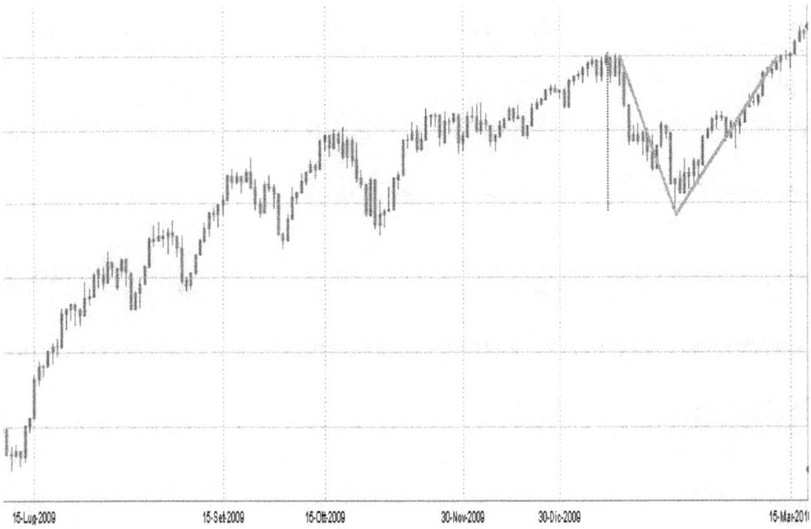

Faccio notare, come detto sopra, che il grafico è sempre quello di prima, ma nei giorni successivi la candela non compare più. Per questo motivo ho riproposto io il punto in cui arrivava con una linea tracciata manualmente sul grafico: si vede benissimo che il principio espresso sopra è stato soddisfatto.

SEGRETO n. 9: una volta usciti i segnali, dopo un primo movimento in senso opposto, i prezzi iniziano a coprire la candela che si è formata e, a copertura totalmente avvenuta, fanno marcia indietro.

RIEPILOGO DEL GIORNO 2:

- SEGRETO n. 5: i segnali di medio e lungo termine possono comparire in qualsiasi momento della giornata e riguardano la fascia temporale compresa tra un mese e un anno dalla loro uscita.
- SEGRETO n. 6: all'uscita di un segnale a medio e lungo termine, inizialmente si verifica un movimento in direzione opposta, poi si segue la candela.
- SEGRETO n. 7: a testimoniare la veridicità della candela, il sito del Nasdaq riporta un'incredibile escursione delle quotazioni in quella stessa giornata.
- SEGRETO n. 8: il movimento arriva a coprire la candela con precisione, tanto da far pensare a delle macchine preposte a gestire milioni di scambi.
- SEGRETO n. 9: una volta usciti i segnali, dopo un primo movimento in senso opposto, i prezzi iniziano a coprire la candela che si è formata e, a copertura totalmente avvenuta, fanno marcia indietro.

GIORNO 3:
Come interpretare i segnali di breve termine in chiusura

I segnali di questo tipo meritano una premessa, come già detto nell'Introduzione: infatti, esistono segnali random, cioè casuali, che possono uscire in qualsiasi momento della giornata, ed escono solo su strumenti finanziari americani, mentre i segnali con cadenza fissa (ogni giorno alla stessa ora, o meglio ogni giorno in due momenti precisi della giornata, alle ore 13.00 e alle 17.35) escono solo su un indice europeo. O per meglio dire uscivano, perché, come già detto su quella piattaforma, quell'indice è stato eliminato.

SEGRETO n. 10: i segnali di breve termine escono con cadenza fissa, alle ore 13.00 e alle ore 17.35, sull'indice europeo.

In pratica, i segnali delle 17.35 sono quelli che tracciano la strada per il giorno o quanto meno per la mattinata seguente, mentre quelli delle 13.00 tracciano la strada per il pomeriggio.

Se ci rendiamo conto degli interessi che ruotano intorno alla borsa e di quanto possa essere importante sapere cosa succederà ogni giorno dalle 13.00 alla chiusura o la mattina dopo (che è sempre un'incognita poiché, mentre i mercati europei chiudono le contrattazioni, quelli americani potrebbero in serata stravolgere le posizioni assunte in Europa nel pomeriggio), capiamo il peso di questi segnali e la massa di utili che possono essere fatti da grossi investitori.

Fra i segnali di breve termine, esaminiamo prima quelli scovati per ultimi, ma che più mi hanno incuriosito e che non avevano alcuna difficoltà di interpretazione. Ripeto quanto detto in un altro paragrafo: questi segnali non esistono nella realtà, ma ve ne renderete conto già solo vedendoli.

Prendiamone in considerazione uno delle 17.35, orario che precede di cinque minuti la chiusura delle borse europee e quindi serve a far mettere nella posizione giusta chi sa leggerli.

SEGRETO n. 11: l'uscita dei segnali di breve termine serve a far posizionare correttamente chi sa interpretarli poiché traccia la strada dell'apertura seguente.

Qui ho riportato di proposito il segnale in un'immagine piccolissima (pena, su un ebook, la possibilità di "vederlo", date le sue dimensioni). Il segnale è anticipato da un trattino contrassegnato con una freccia bianca.

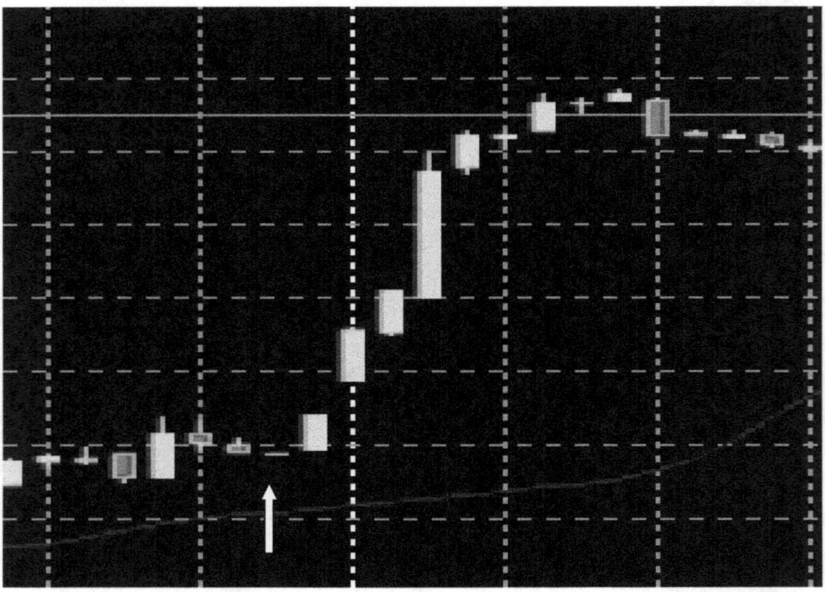

In pratica si tratta di un volume di scambi pari a un contratto (si dice volume il numero di contratti scambiati nell'unità di tempo, in questo caso il volume è pari a uno), cosa praticamente impossibile, sia considerando lo strumento finanziario sul quale esce, sia considerando l'orario, poco prima della chiusura delle principali borse europee, il momento in cui si decide la posizione da prendere il giorno dopo. Qui sotto riporto in grande il grafico per far vedere come il segnale del giorno prima sia stato seguito.

Guardiamo le ultime tre candele del giorno che sta per chiudere, contrassegnate dalla freccia bianca. Una è rossa, poi c'è la candela che anticipa l’uscita del segnale, quella del volume uno, e poi c’è il segnale: candela verde e anche lunga, quindi il giorno dopo si aprirà in positivo, e come potete vedere è proprio così. Immaginate cosa significhi questo per chi si è “messo lungo” (cioè ha puntato sul rialzo alla fine del giorno precedente), soprattutto se si tratta di grossi capitali…

SEGRETO n. 12: l’uscita del segnale è anticipata da una candela a volume uno. Immediatamente dopo compare la candela che indica come si aprirà il mercato.

Altro esempio: il trattino (volume uno di scambi) anticipa ancora l’uscita del segnale. Questo è il 18 marzo 2010 in chiusura:

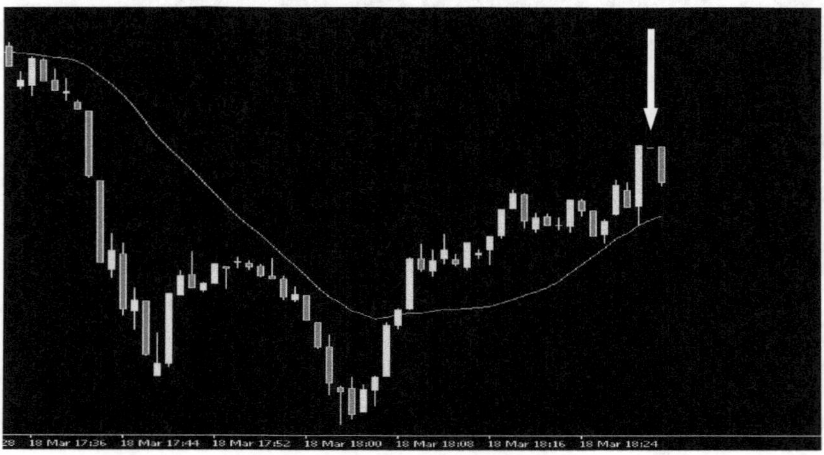

Potete vedere dal grafico successivo cosa succede il giorno dopo.

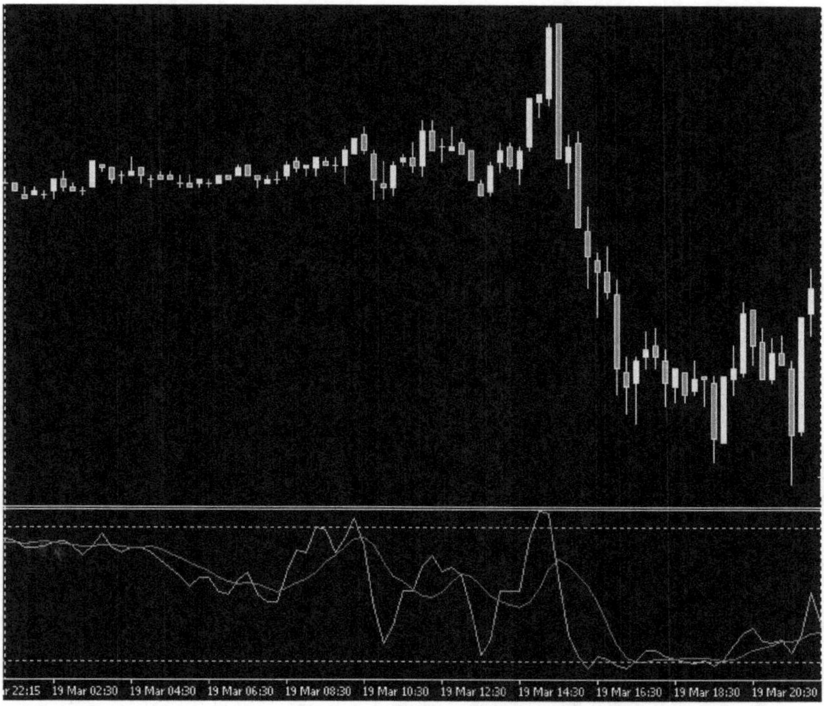

Un bel ribasso ben segnalato dal giorno precedente. Per evidenziare l'effetto ho aumentato il *time frame* (passando dalla visualizzazione al minuto a quella a cinque minuti), altrimenti tutto il movimento al ribasso del giorno successivo non sarebbe stato ben percepibile.

Avrete notato, dunque, che in genere questi segnali vengono anticipati da un movimento contrario, come si evince appunto dai grafici dove si vede che, prima che esca il volume uno, gli scambi vanno in direzione opposta (facendo credere alla massa che si procederà in quel verso il giorno dopo).

Faccio presente che, fino a quando esce il volume uno, gli scambi segnalati sulla piattaforma sono reali, per cui il 18 marzo fino alle 17.35 si sta salendo, mentre il segnale di discesa non rispecchia i veri scambi che continuano a salire o si arrestano in genere su un valore. In pratica, quello che succede nella realtà non è riportato sul grafico dei prezzi proprio perché si sta "creando" il segnale artificiosamente.

SEGRETO n. 13: il volume uno segna il passaggio tra il momento in cui gli scambi sono reali e quello in cui non lo sono più perché il segnale è creato artificiosamente.

Il grafico seguente, che si riferisce al 22 dicembre 2009 in chiusura, si commenta da sé. Si nota un'enorme candela verde e un ancor più forte rialzo il giorno successivo.

uotes Software Corp
ec 18:18
21 Dec 18:26
22 Dec 10:02
22 Dec 10:10
22 Dec 10:18
22 Dec 10:26

RIEPILOGO DEL GIORNO 3:

- SEGRETO n. 10: i segnali di breve termine escono con cadenza fissa, alle ore 13.00 e alle ore 17.35, sull'indice europeo.
- SEGRETO n. 11: l'uscita dei segnali di breve termine serve a far posizionare correttamente chi sa interpretarli poiché traccia la strada dell'apertura seguente.
- SEGRETO n. 12: l'uscita del segnale è anticipata da una candela a volume uno. Immediatamente dopo compare la candela che indica come si aprirà il mercato.
- SEGRETO n. 13: il volume uno segna il passaggio tra il momento in cui gli scambi sono reali e quello in cui non lo sono più perché il segnale è creato artificiosamente.

GIORNO 4:
Come interpretare i segnali di breve termine intraday

Anche questi segnali, come quelli del paragrafo precedente, non esistono e credo che, essenzialmente per la loro eccessiva visibilità, la piattaforma abbia disposto l'eliminazione degli strumenti finanziari dalla visualizzazione.

Fra i segnali intraday abbiamo i segnali delle 13.00 (i più difficili da interpretare data la loro grande varietà) e poi i finti gap (e questi sono segnali da favola, finti gap dell'1-2-3%).

I segnali delle 13.00 hanno questa caratteristica: dato l'orario di uscita, anticipano la reazione che avranno i mercati alla diffusione di dati macroeconomici (in genere i più importanti escono a mercati americani chiusi, fra le 14.30 e le 15.00). Sui grafici seguenti si nota infatti, a quegli orari, una forte escursione dei prezzi verso l'alto o verso il basso.

SEGRETO n. 14: tra i segnali intraday più importanti ci sono quelli delle ore 13.00, che anticipano le reazioni del mercato, e i finti gap.

Sapere prima come posizionarsi vuol dire guadagnare milioni di euro. La piattaforma, non so per quale motivo, riporta un orario sfalsato di un'ora rispetto alla realtà, per cui le 14.00 di quella piattaforma sono le 13.00 ora europea, ma anche questo fatto potrebbe essere un modo per ingannare chi non deve capire. Dividiamo i segnali in tre grosse categorie: segnali rialzisti, segnali ribassisti e finti gap.

Intanto notiamo, come sempre, che anche per questi segnali europei vale il solito discorso: *la presenza di una candela, sia unica che accoppiata ad altre, prima o poi (cioè in giornata oppure il giorno o i giorni successivi) viene coperta dal grafico dei prezzi e poi si fa tragitto inverso.*

Pertanto, se una candela ha l'ombra in alto vuol dire che prima o poi si salirà a coprire l'ombra e poi si tornerà in basso; viceversa, se l'ombra è in basso, si scenderà per poi risalire.

Segnali rialzisti

Il segnale rialzista per eccellenza è la candela rossa piena.

Innanzitutto, anche il solo fatto di aver voluto indicare con una candela rossa un forte rialzo è indicativo che si volesse mettere fuori strada il neofita che inavvertitamente fosse incappato nella lettura del segnale.

Tuttavia, ragionando un attimo sul significato di una candela, non era possibile, dovendo ripartire i prezzi dalla sua base, che essa avesse colore diverso.

Come si vede dal grafico, uscito quel segnale al momento della diffusione del dato macro (ore 15.30 della piattaforma ma 14.30 reali), si sale velocemente.

SEGRETO n. 15: quando esce un segnale intraday compare una candela che viene coperta dal grafico dei prezzi e poi avviene il processo inverso.

Fra gli altri segnali rialzisti troviamo la candela senza corpo: vediamone un esempio il 7 dicembre 2009.

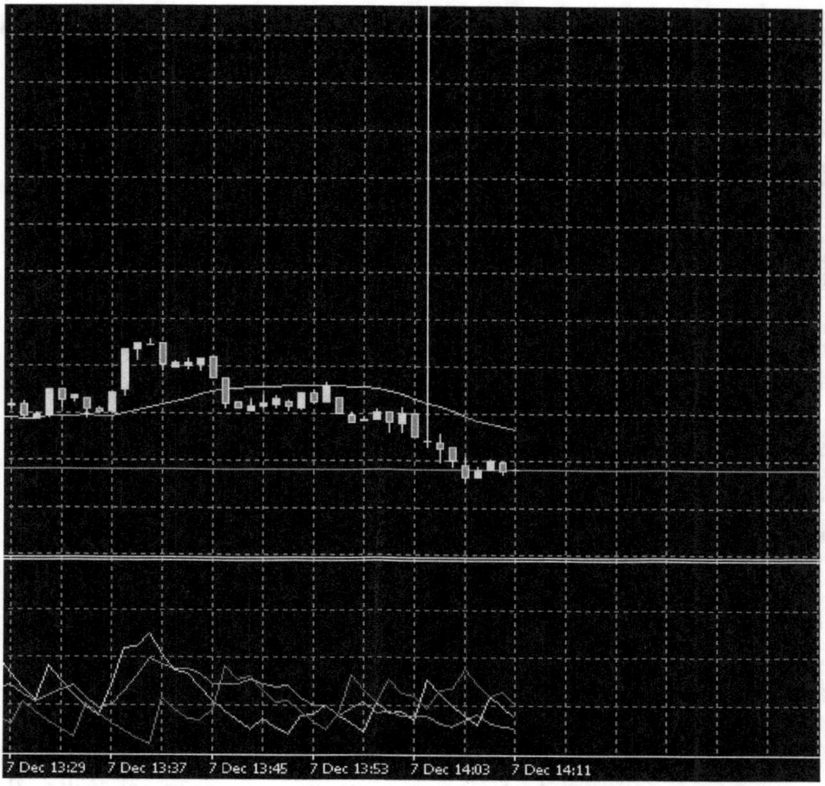

Fra il giorno stesso e il successivo il segnale è stato coperto al rialzo. Dopo di che si è tornati alla base.

In questo grafico a trenta minuti si può evidenziare tutto il percorso dei prezzi, prima in alto a toccare il top della candela di cui sopra e poi verso il basso seguendo il tragitto inverso.

Segnale del 17 dicembre 2009. Si nota che ciò che i prezzi non sono riusciti a coprire il giorno stesso lo coprono il giorno successivo.

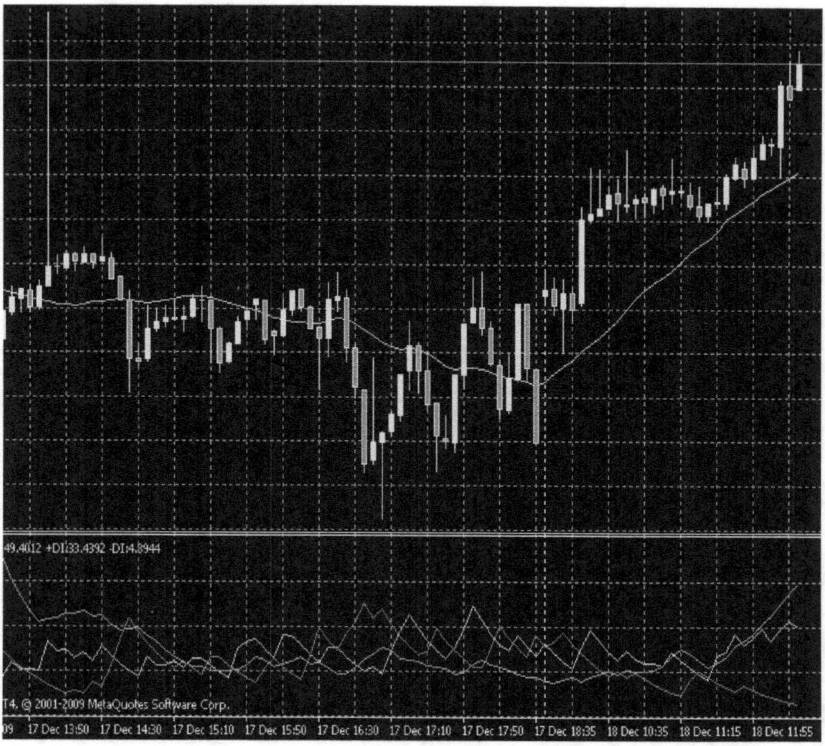

Segnale del 7 gennaio 2010. Anche in questo caso si può notare come si è saliti perfettamente fino a coprire il segnale. Poi in giornata si fa pure il tragitto inverso.

Segnali ribassisti

Il segnale ribassista standard è il seguente: candela rossa piena seguita da una candela “impiccato”. La candela “impiccato” è quella dove il corpo della candela è piccolo e sembra quasi essere appeso.

SEGRETO n. 16: il segnale rialzista per eccellenza è costituito dalla candela rossa piena, mentre quello ribassista è il medesimo seguito da una candela "impiccato".

Questo è un esempio del 1° ottobre 2009.

Nel grafico successivo vediamo cos'è successo dopo l'uscita del segnale. Anche qui mi pare che i commenti siano superflui:

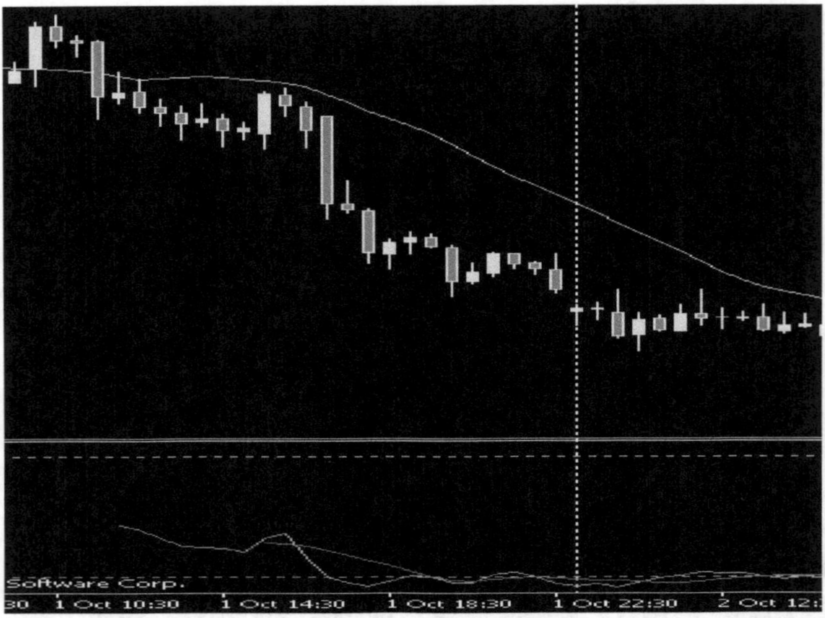

Se penso che un ribasso del genere corrisponde a circa 3 punti percentuali, e che quando esce quel segnale di cui sopra la portata è sempre quella, vuol dire che stiamo parlando di 700 punti di nostro indice e, quindi, con quattrocento contratti future, della bellezza di 1,4 milioni di euro guadagnati in un solo giorno o, meglio, in poche ore!

Analogo segnale del 4 febbraio 2010.

Si noti come il colore della candela "impiccato" non è importante, visto che nel caso precedente era verde e in questo è rosso ma il risultato è analogo.

SEGRETO n. 17: il colore della candela "impiccato", tipica del segnale ribassista, non incide sul risultato finale.

Di seguito volevo far notare una particolarità. Stesso segnale il 2 settembre. Quindi si va sicuri al ribasso senonché, dopo due minuti, esce una terza candela che ci dice che il finale sarà diverso e che in seguito si salirà.

Il fatto è segnalato pure da un finto gap (qui lo vediamo per inciso, ma ci sarà un paragrafo riservato proprio a quest'altro tipo di segnali) che contrassegno con una freccia.

E in effetti più tardi si risale.

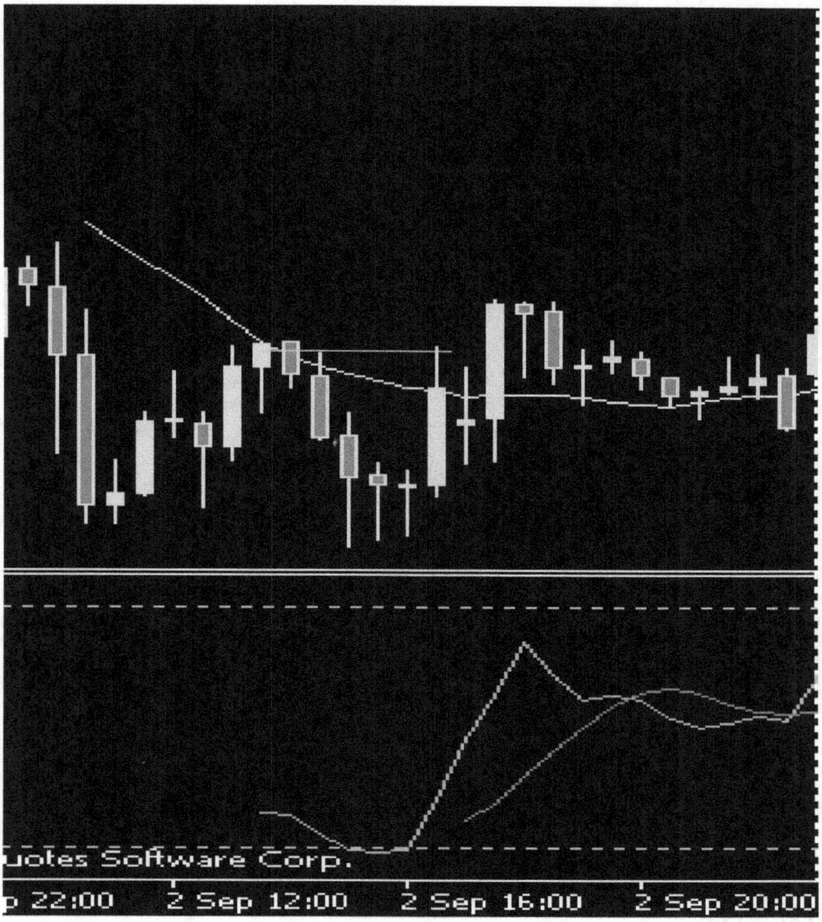

Altro tipo di segnale ribassista (e poi rialzista) è la candela inversa a quella vista per i segnali rialzisti, con ombra molto lunga. Questa candela si definisce martello perché il corpo (piccolo) è in alto, mentre il resto rappresenterebbe l'impugnatura.

Dopo la discesa a coprire la candela in seguito si risalirà al top.

Il finto gap

In borsa il gap è un vuoto dei prezzi, in quanto a quel valore non si è verificato nessuno scambio.

In genere sono visibili sui grafici dei piccolissimi buchi di un tick, cioè un'unità di scambio, per esempio sul nostro indice italiano equivalente a 5 punti. Se immaginiamo che quelli che sto per mostrarvi sono buchi che, comparativamente equiparati all'indice nostrano, vanno dai 50 ai 500 punti, è chiaro che c'è qualcosa che non va. La realtà è che sono finti.

Che tipo di segnale dà il gap reale? *Che prima o poi i prezzi torneranno a coprire quel buco.* Che tipo di segnale danno i gap finti? *Lo stesso di quelli reali.* Ma un buco di 50, 100 o anche 500 punti equivale a cifre enormi.

Basterà il primo segnale pubblicato di seguito per capire. Se pensiamo che la maggior parte dei trader, prima di un macro importantissimo come il tasso di disoccupazione in USA, mette degli stop loss alle posizioni in essere, oppure, pur di non perdere il guadagno realizzato (se fosse nella posizione giusta del mercato), preferisce chiudere la posizione in guadagno per non rischiare, si capisce che, vedendo queste cose, gli investitori avrebbero davvero molto da riflettere su cosa sia diventata oggi la borsa, una sorta di grande casinò appannaggio di pochi.

SEGRETO n. 18: il gap rappresenta un vuoto dei prezzi, ossia un momento in cui non si è verificato alcuno scambio. Esistono gap reali e gap finti ed entrambi generano lo stesso tipo di segnale.

Il gap più fenomenale che io abbia trovato è il seguente.

È il 4 dicembre 2009. Prima abbiamo il segnale che precede

l'uscita del dato e si trattava del macro sul tasso di disoccupazione in uscita a Wall Street. La reazione è stata di un rialzo di circa 750 punti sul listino italiano, per cui, seguendo il segnale, si faceva un utile con le solite quantità di circa 1,5 milioni di euro. Il bello è che il gap segnalava che si sarebbe prima o poi tornati indietro e infatti, come si vede sul seguente grafico…

In pratica, terminato l'effetto del primo segnale, ci si metteva short (cioè si puntava sul ribasso dell'indice in questione) e si guadagnavano altri 1,5 milioni di euro in discesa. Totale dalle 14.00 del 4 dicembre alle 10.00 del giorno di borsa successivo: 3 milioni di euro!

29 ottobre 2009: anche questo gap è notevole e quello che succede poi è illustrato nel grafico che segue.

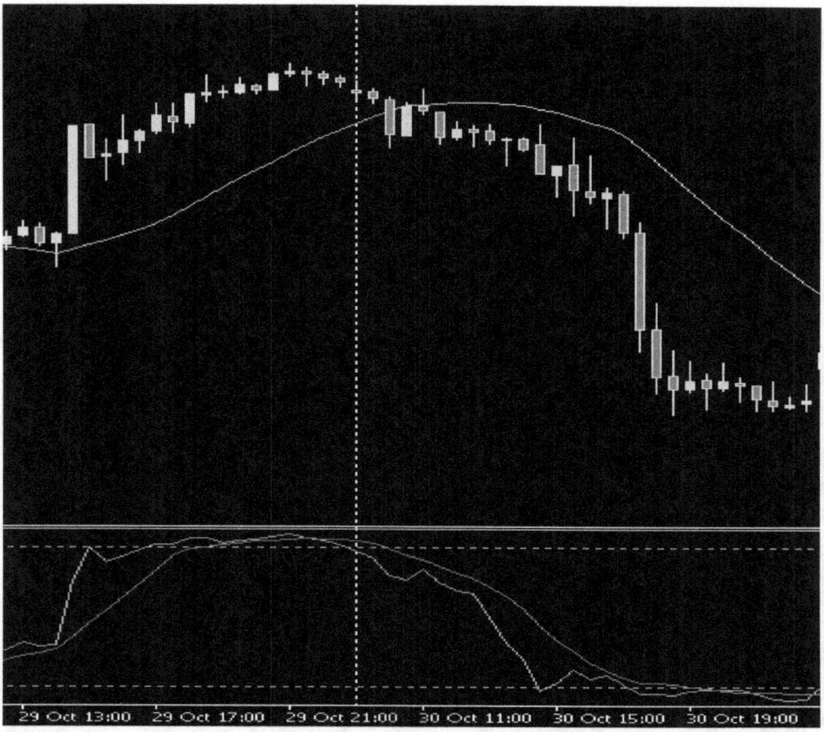

Qui il gap non si vede perché la visualizzazione è su *time frame* a trenta minuti, ma si vede l'escursione al ribasso di più di 4 punti percentuali, in pratica un utile da 2 milioni di euro in un solo giorno.

Seguono altri gap. Questo è del 15 dicembre 2009.

2 ottobre 2009. Chi ha seguito il gap al rialzo ha fatto un utile in due giorni del +4%.

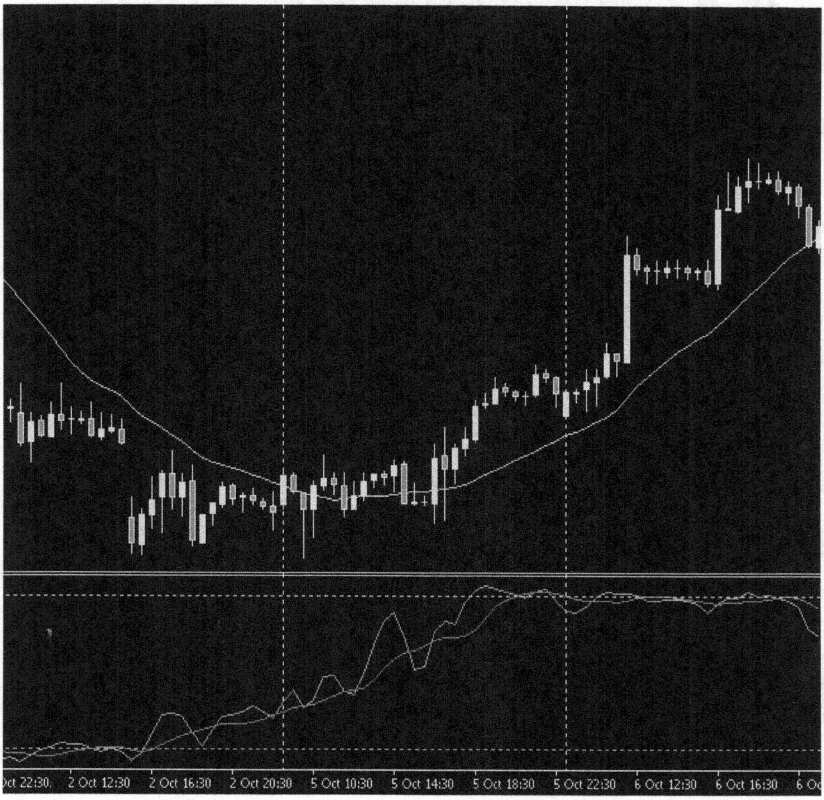

8 gennaio 2009.

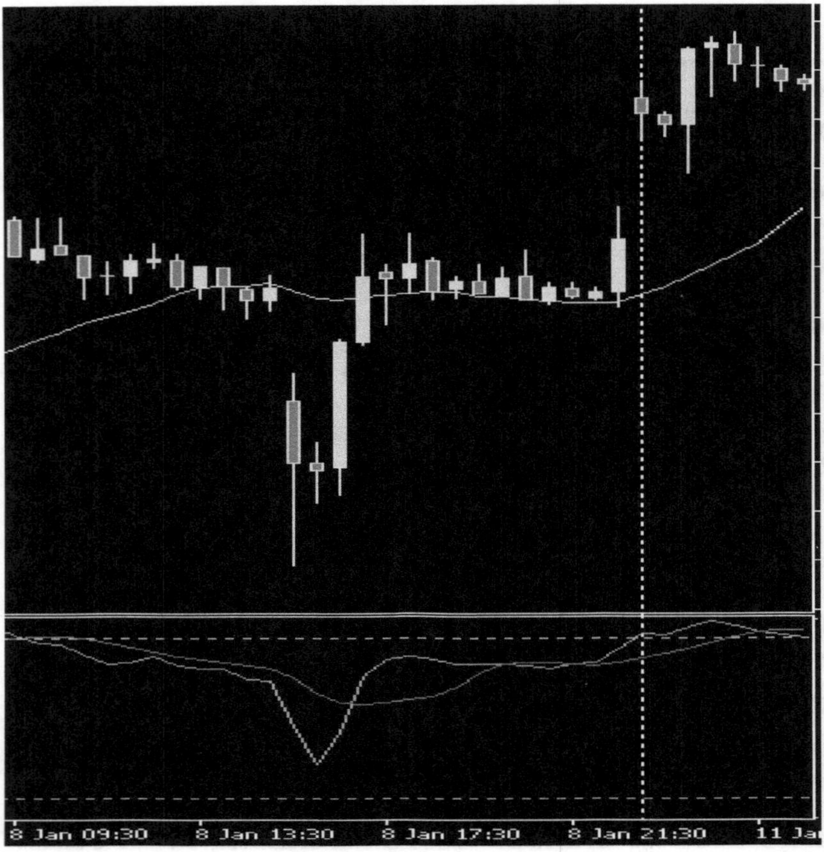

Carrellata di altri segnali delle 13.00

30 ottobre 2009. Segnale ribassista e rialzo su finto gap.

9 settembre 2009. Segnale tutto rialzista, si salirà anche il giorno successivo.

11 settembre 2009. Si sale e poi in seguito si scenderà a coprire bottom candela.

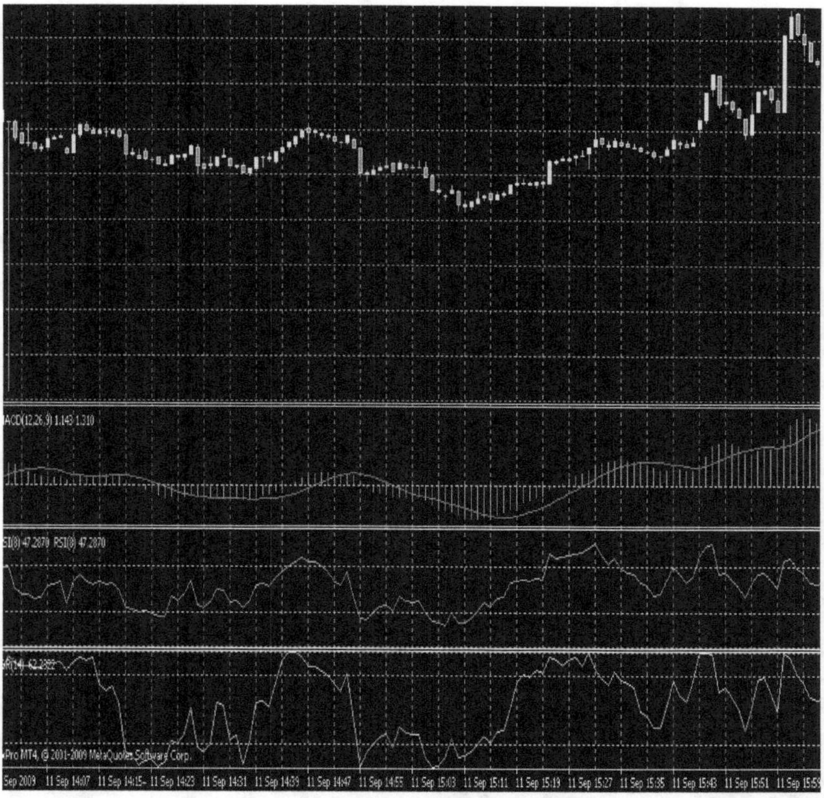

13 novembre 2009. Si scende a coprire bottom candela e poi si risale a top.

14 gennaio 2010. Si scende a bottom e si risalirà poi a top (il fatto è segnalato anche dal finto gap).

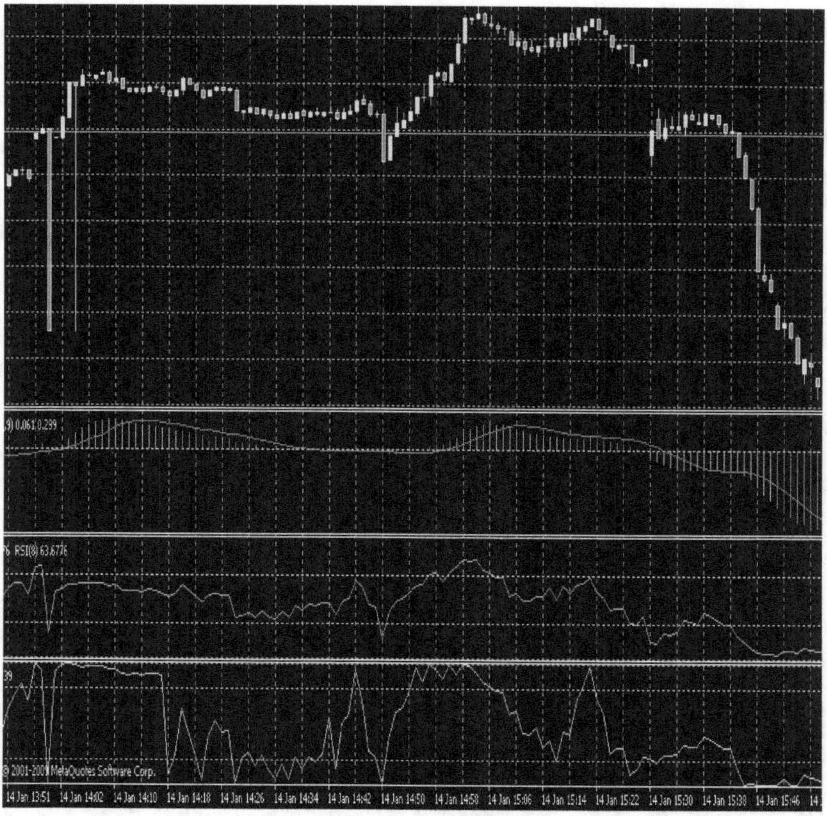

15 settembre 2009. Segnale da favola! Guardate cosa succede alle 14.30 (15.30 ora della piattaforma): +1% in due minuti, cioè, con le quantità di sempre, +500.000 euro di utile. In pratica, ci si poteva posizionare al rialzo alle 14.25 e alle 14.32 già si potevano chiudere le posizioni con questo utile.

17 dicembre 2009. Segnale coperto il giorno successivo.

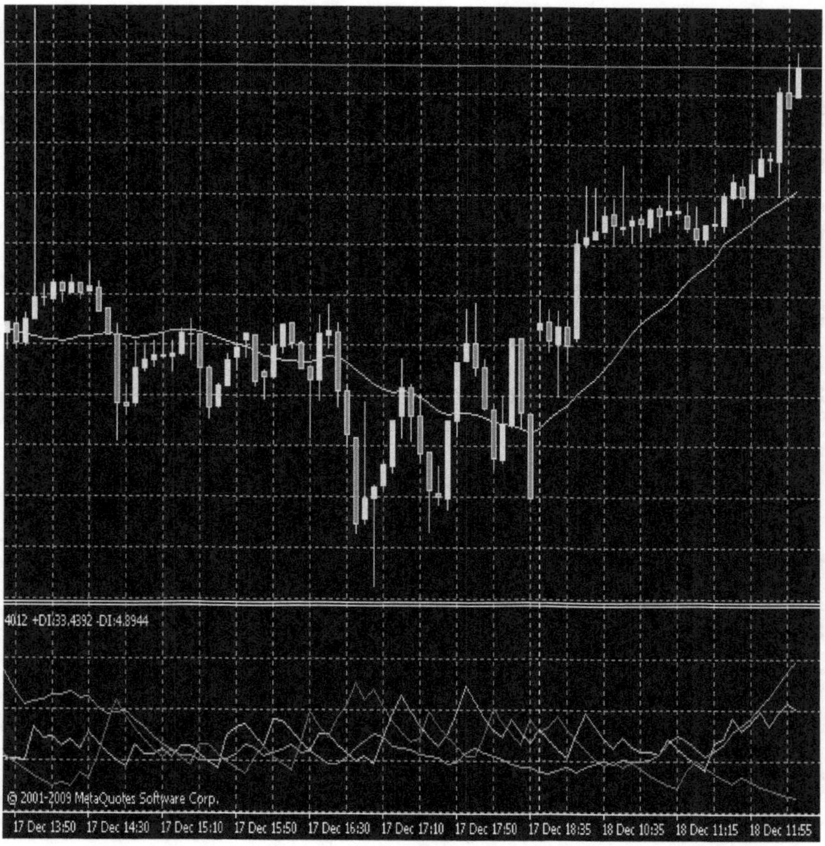

27 gennaio 2009. Prima si copre in salita e poi si fa una doppia discesa.

Dalla visualizzazione di questi segnali si deduce che la regola descritta in precedenza è sempre valida. Possono esistere, inoltre, finti vuoti di prezzi il cui unico scopo è quello di essere ricoperti.

RIEPILOGO DEL GIORNO 4:

- SEGRETO n. 14: tra i segnali intraday più importanti ci sono quelli delle ore 13.00, che anticipano le reazioni del mercato, e i finti gap.
- SEGRETO n. 15: quando esce un segnale intraday compare una candela che viene coperta dal grafico dei prezzi e poi avviene il processo inverso.
- SEGRETO n. 16: il segnale rialzista per eccellenza è costituito dalla candela rossa piena, mentre quello ribassista è il medesimo seguito da una candela "impiccato".
- SEGRETO n. 17: il colore della candela "impiccato", tipica del segnale ribassista, non incide sul risultato finale.
- SEGRETO n. 18: il gap rappresenta un vuoto dei prezzi, ossia un momento in cui non si è verificato alcuno scambio. Esistono gap reali e gap finti ed entrambi generano lo stesso tipo di segnale.

GIORNO 5:
Come leggere i segnali a Wall Street

I segnali a Wall Street sono stati i primi a essere individuati, data la frequenza con cui uscivano, ma ho impiegato un po' di tempo a capirne bene il significato visto che, se inizialmente seguivano un comportamento, in seguito il loro andamento è divenuto non del tutto comprensibile. Alla fine sono riuscito a interpretarli, ma questo è un piccolo segreto che tengo per me.

Gli scambi indicati da questi segnali sono reali, e stiamo parlando di movimenti da 50 milioni di dollari in media ciascuno; considerando che ne escono due-tre (ma in certi casi anche dieci-quindici) al giorno, capite bene la rilevanza e gli interessi finanziari che ci sono in gioco.

SEGRETO n. 19: i segnali a Wall Street escono generalmente due o tre volte al giorno e indicano gli scambi reali di milioni di titoli.

Vediamone subito qualcuno per capire di cosa stiamo parlando.

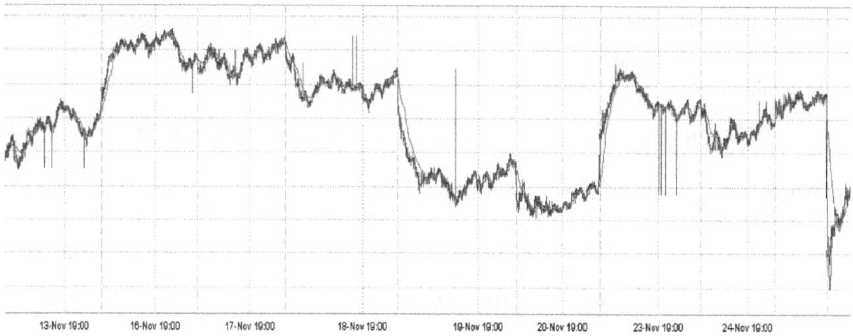

Mi pare evidente che si tratti sempre della stessa cosa, solo che questi segnali intraday, a differenza di quelli europei che sono falsi, costituiscono l'evidenza di reali scambi di milioni di titoli.

La regola, come dicevo, in questo caso è un po' mista o, almeno, se fino al marzo 2009 i segnali seguivano perfettamente una norma, poi questa è totalmente cambiata e i prezzi seguono la regola che la candela dovrebbe in realtà esprimere. Infatti, una candela con ombra in basso dovrebbe spingere i prezzi in su (come vediamo per esempio per quelle del 13 novembre), mentre una candela con ombra in alto dovrebbe spingere i prezzi in giù (cosa evidente per quelle del 18 e 19 novembre).

Io personalmente li chiamo “pilastri”, perché sembra che sorreggano (quando sono in basso) o deprimano (quando sono in alto) le quotazioni.

Tuttavia, notiamo come il 23 novembre la regola non venga seguita, con ombra in basso e prezzi che a stento si mantengono al di sopra del top delle candele e poi declinano. La maggiore frequenza delle candele indica però che si andrà nella direzione opposta o quanto meno che non si copriranno subito le candele (ci vogliono infatti tre giorni di borsa aperta successivi per la completa copertura).

Poiché la regola generale è sempre quella secondo la quale si fa “andata e ritorno”, *una volta coperta in un senso la candela, ci si mette tranquillamente nell’altro verso e, con stop rigidi, si ottiene quasi sempre un ottimo risultato.*

SEGRETO n. 20: come per gli altri segnali, anche quelli a Wall Street sono seguiti da una candela che viene coperta e successivamente prevedono un ritorno nel senso inverso.

Ho parlato di stop strettissimi perché, talvolta, prima che la regola sia soddisfatta passa del tempo. Vediamo di seguito alcuni esempi.

Qui siamo a fine gennaio 2010, quando è partito il ribasso segnalato dalla candela di pagina 31. Mentre su quell'altro strumento finanziario la candela era verso il basso, qui i "pilastri" spingono dall'alto le quotazioni deprimendole, e così pure il giorno successivo.

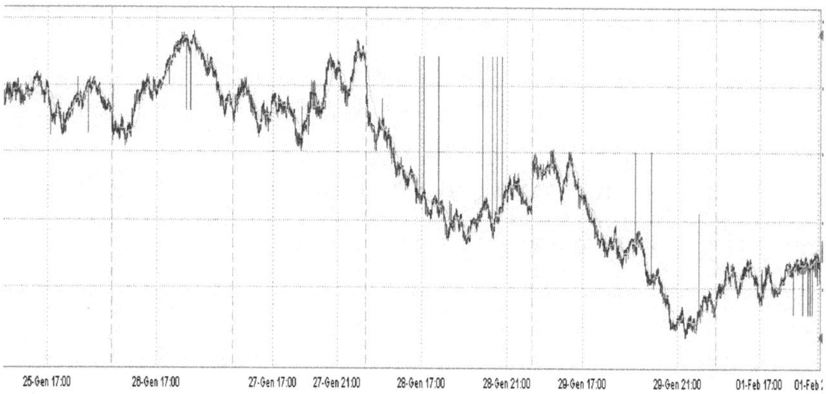

Nel grafico seguente, invece, siamo ai primi di novembre 2009 e si vede bene come la prima candela venga coperta, ma anche superata al ribasso, e come ci vogliano altri quattro giorni completi prima di fare dietro front.

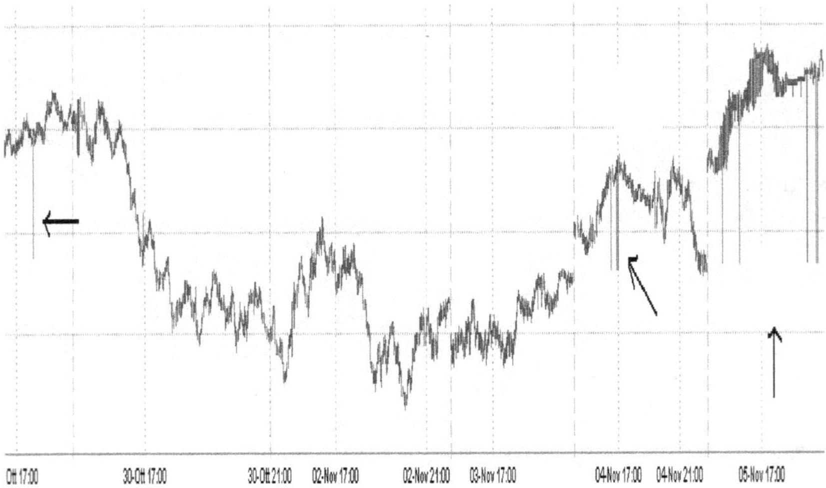

Quelle del 4 novembre invece vengono coperte subito e l'inversione al rialzo è di precisione millimetrica.

Le seguenti candele in sequenza sono riferite al periodo che va da inizio a metà novembre 2009 e non ho conservato il resto perché le candele al rialzo continuavano oltre e segnalavano un listino "sorretto" che poi è salito fino a metà gennaio 2010. Poi in due settimane si è avuta la completa copertura di tutte le candele.

Questo per dire che *le macchinette non dimenticano il segno lasciato per strada*, nemmeno se risale a due mesi prima, e prima o poi si torna sempre a coprirlo.

SEGRETO n. 21: i segnali lasciati nei grafici vengono sempre coperti, una regola che viene rispettata anche a distanza di molto tempo.

Inoltre, come spiegherò nel capitolo 7, è possibile capire quando ci vorrà più o meno tempo.

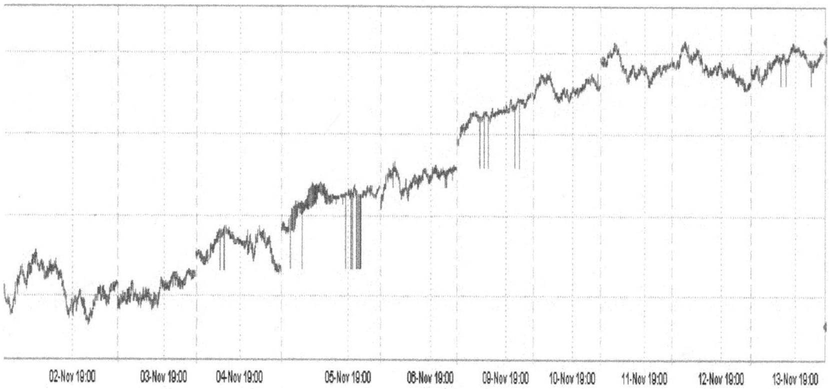

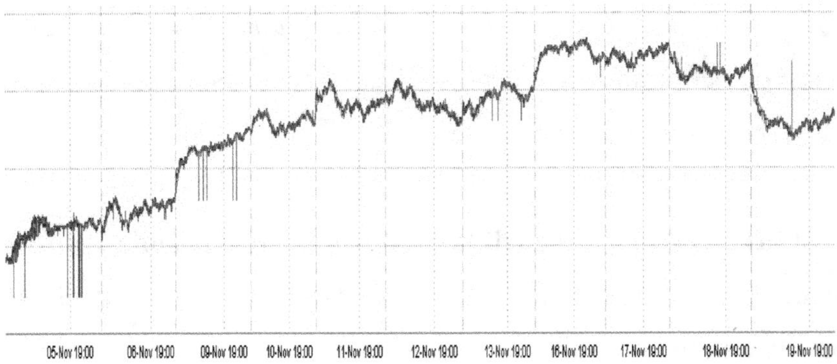

Qui invece vediamo una candela di dimensioni più grandi, ma la grandezza non è sinonimo di maggiore forza propulsiva.

Questo grafico si riferisce al famoso 4 dicembre 2009, giorno del gap più ampio mai registrato. Vediamo che a Wall Street si è deciso subito di dare avvisaglie di discesa (anticipate dal gap in Europa), e così è stato.

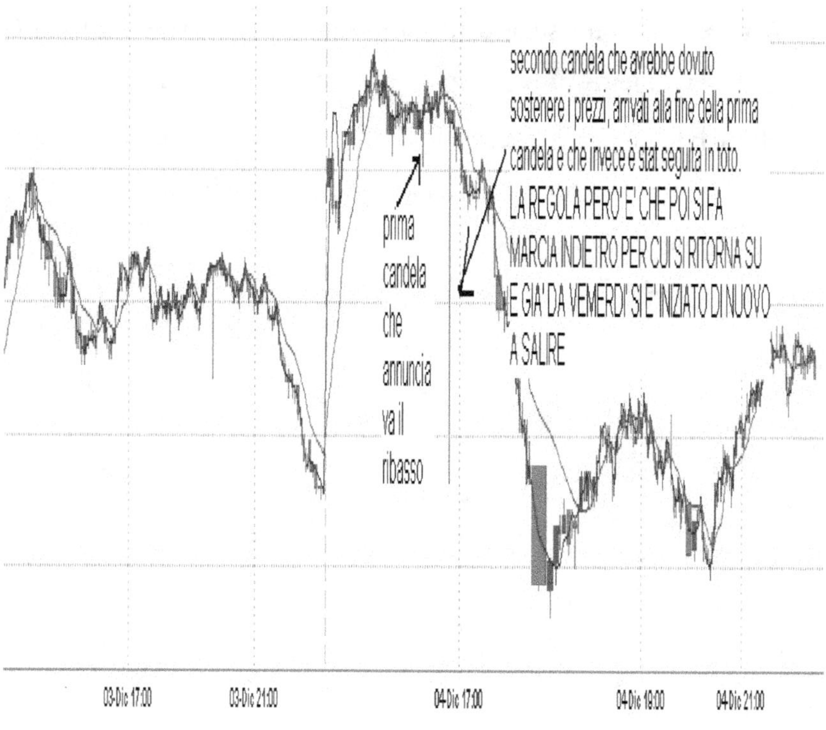

RIEPILOGO DEL GIORNO 5:

- SEGRETO n. 19: i segnali a Wall Street escono generalmente due o tre volte al giorno e indicano gli scambi reali di milioni di titoli.
- SEGRETO n. 20: come per gli altri segnali, anche quelli a Wall Street sono seguiti da una candela che viene coperta e successivamente prevedono un ritorno nel senso inverso.
- SEGRETO n. 21: i segnali lasciati nei grafici vengono sempre coperti, una regola che viene rispettata anche a distanza di molto tempo.

GIORNO 6:

Come agire in base alla concatenazione di segnali

Qui cercherò brevemente di spiegare come, dalla concatenazione dei segnali a disposizione, si possa decidere di seguire la strada del rialzo o del ribasso usando gli strumenti finanziari di cui sopra. Vorrei far capire come si sappia tutto già, per esempio, prima dell'uscita di un dato macroeconomico. Partiamo dalle 17.30 di giovedì 10 dicembre: la freccia **bianca** indica il segnale per il giorno dopo: candela con volume uno (preannuncia l'uscita del segnale) e poi candela verde, quindi **long** (rialzo).

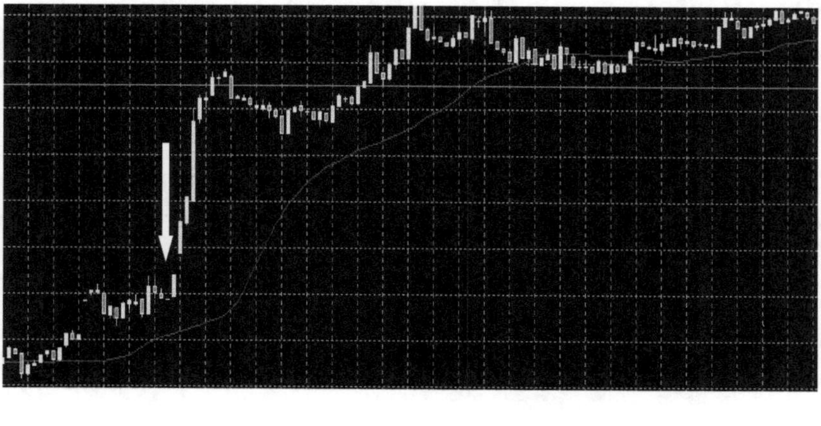

Vediamo allora se poi Wall Street conferma il long. In effetti, dopo la chiusura delle borse europee, sempre il 10 dicembre a Wall Street iniziano a uscire i soliti segnali che “sorreggono” il listino, e quindi chiaramente segnali **long** per il giorno dopo.

SEGRETO n. 22: dalla concatenazione dei segnali usciti si può dedurre la situazione futura del mercato e decidere se seguire la strada del rialzo o del ribasso.

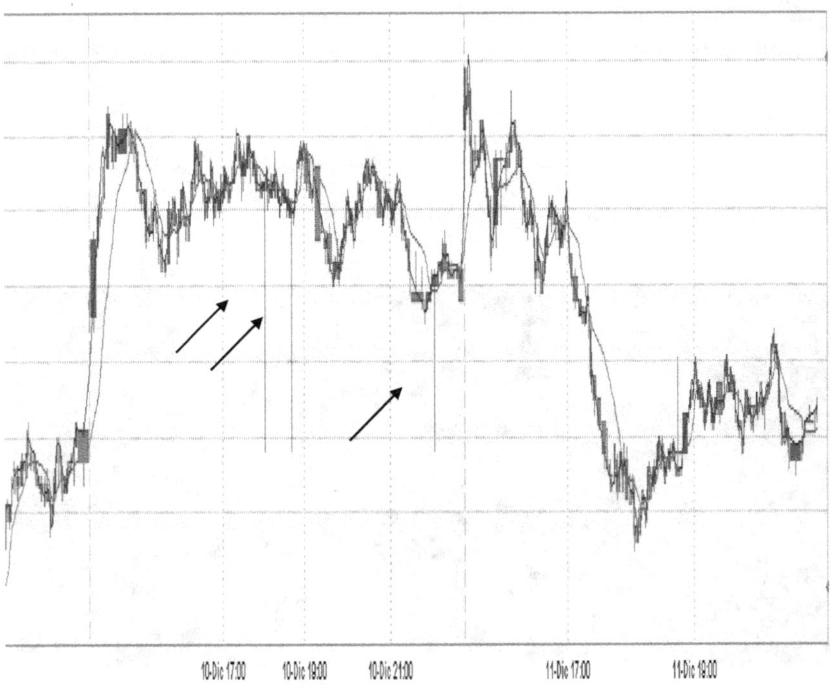

Cosa succede il giorno dopo, 11 dicembre? Vediamo prima in Europa a Wall Street chiusa.

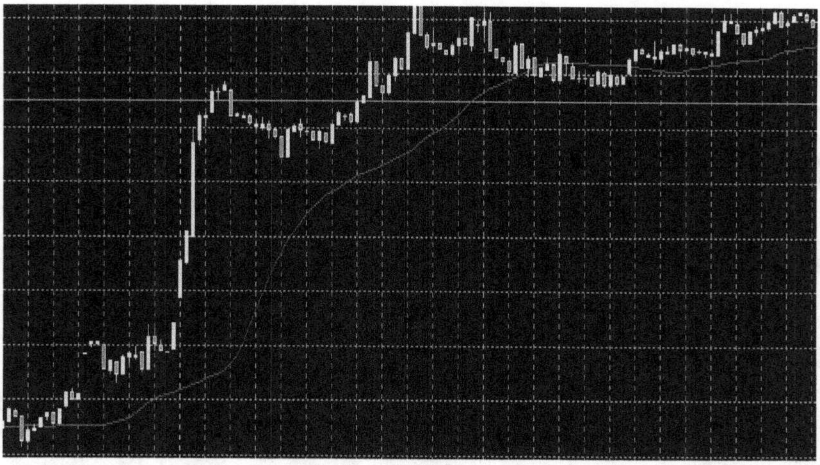

Come indicato dal segnale del giorno prima, si parte in rialzo e la mattinata prosegue al rialzo.

Vediamo poi cosa succede a metà giornata, dove esce sempre un secondo segnale in Europa. Il segnale è rappresentato dalla freccia bianca: tipicamente ribassista, ma in ogni caso, poiché vige la regola che la candela debba essere coperta dai prezzi, ci aspettiamo salita con i dati macro (anche in ossequio ai segnali usciti a Wall Street la sera prima) e poi discesa, in ossequio al fatto che il segnale delle candele è di per sé ribassista.

In effetti, le candele vengono coperte dal successivo rialzo, ma vediamo com'è interessante quello che succede poi sul primo dato delle 14.30.

SEGRETO n. 23: con un segnale tipicamente ribassista i dati macro salgono per poi scendere fino a coprire le candele.

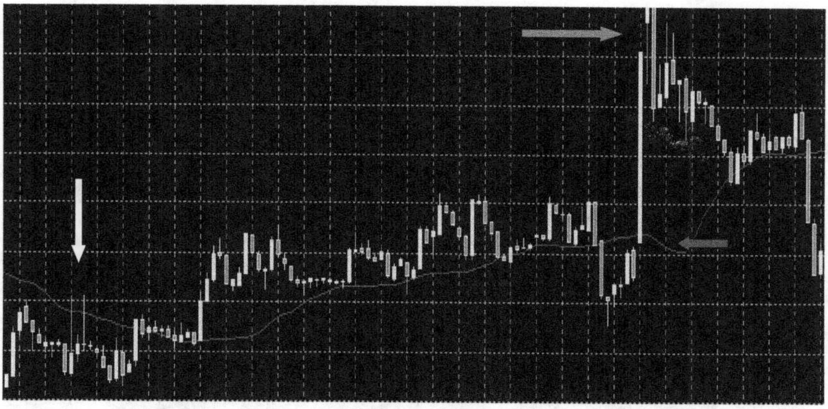

Intanto riporto la freccia bianca sopra il segnale di metà giornata (adesso si vede più piccolo per evidenziare causa ed effetto), mentre con la freccia rossa indico l'effetto del dato delle 14.30.

E qui la cosa inizia a farsi interessante. Il dato crea un **gap** (contrassegnato con la freccia **blu**) che su questa piattaforma è un **segnale** che si tornerà in basso, e infatti si vede che subito dopo si torna a coprirlo.

SEGRETO n. 24: il gap è un segnale che anticipa l'uscita del dato e indica che deve essere coperto.

Passiamo poi al dato delle 15.55.

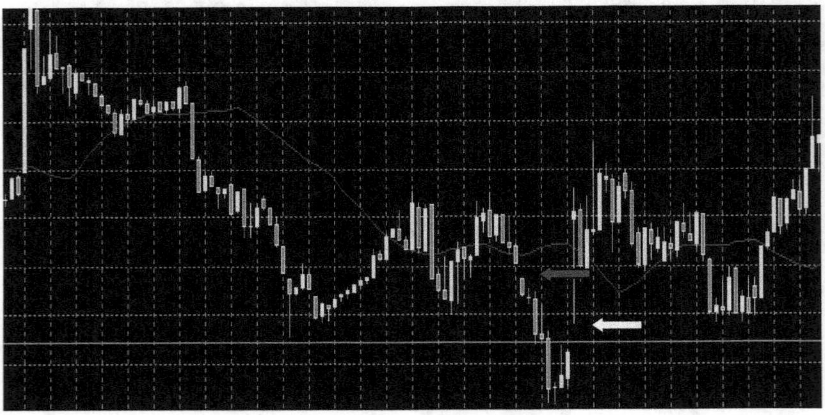

Il gap evidenziato con la freccia blu, che si crea cinque minuti prima dell'uscita del dato, ci dice già che il dato uscirà positivo o, meglio, che si risalirà a coprire quel gap; infatti, come si vede poco prima del dato, ci si potrebbe rimettere **long** facendosi la successiva salita.

Tuttavia, all'uscita del dato si crea un secondo **gap** (evidenziato dalla freccia **gialla**) che ci dice che, coperto il primo, si ridiscenderà. In effetti è quello che succederà poi, ma in questa immagine non si vede, perché adesso vediamo la parte più interessante che riguarda la chiusura e riprenderemo insieme anche il grafico di Wall Street che intanto è aperta e ha iniziato a lanciare i suoi segnali.

Ripropongo qui sopra con la freccia gialla il gap sul dato delle 15.55, e poi la chiusura dove si vede che finalmente il gap è stato colmato. Tuttavia si è creato un altro gap, in alto, proprio in prossimità della chiusura delle contrattazioni, che ci diceva già che il lunedì successivo si sarebbe colmato, e quindi in chiusura ci si poteva mettere long o almeno continuare con un long sulle piazze europee aperte. In effetti il DAX (indice tedesco il cui future termina le contrattazioni alle 22.00), per esempio, è poi salito fino alle 22.00.

SEGRETO n. 25: un gap in chiusura segnala la posizione da prendere all'apertura successiva, in quanto indica che lo spazio del gap stesso deve essere coperto.

Il segnale in chiusura delle borse europee non c'è, come il volume uno del giorno prima, ma bastava il gap a far capire come sarebbe andata dopo. E concludiamo la carrellata con Wall Street:

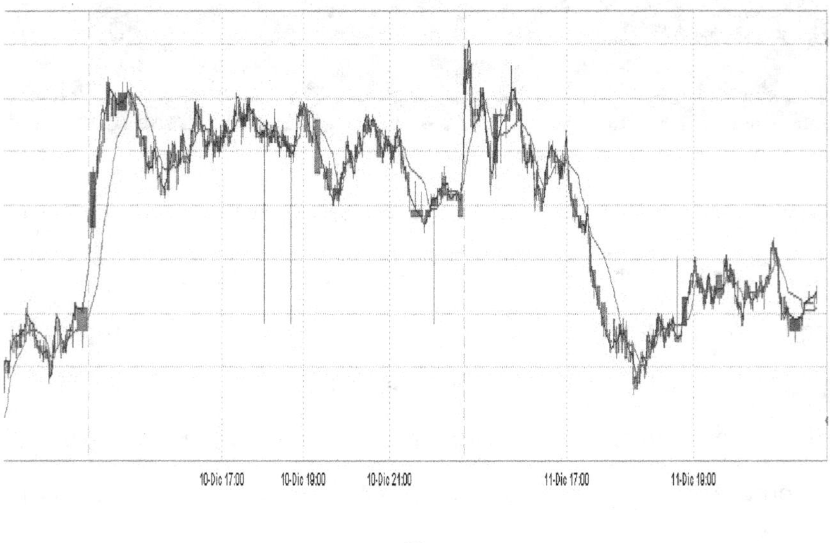

Notiamo che l'11 dicembre parte sicuramente in alto, come segnalato dalle candele del giorno prima; poi, come da regola, le candele vengano completamente coperte (fino alle 18.00 circa) e ha inizio il percorso all'indietro.

RIEPILOGO DEL GIORNO 6:

- SEGRETO n. 22: dalla concatenazione dei segnali usciti si può dedurre la situazione futura del mercato e decidere se seguire la strada del rialzo o del ribasso.
- SEGRETO n. 23: con un segnale tipicamente ribassista i dati macro salgono per poi scendere fino a coprire le candele.
- SEGRETO n. 24: il gap è un segnale che anticipa l'uscita del dato e indica che deve essere coperto.
- SEGRETO n. 25: un gap in chiusura segnala la posizione da prendere all'apertura successiva, in quanto indica che lo spazio del gap stesso deve essere coperto.

GIORNO 7:
Come imparare a servirsi correttamente dei segnali

Una domanda che mi sono posto a un certo punto vedendo i segnali di Wall Street è stata: «Ma questi segnali potrebbero essere anche una trappola? E se fossero voluti, invece che casuali, al fine di indurre a prendere decisioni sbagliate chi volesse seguirli?» In effetti, il dubbio potrebbe sorgere, però, andando a vedere il loro comportamento, credo che possa essere facilmente fugato. Tuttavia, può accadere che un segnale non venga coperto subito, ma ci metta del tempo, a volte anche tantissimo tempo, per cui potremmo trovarci in posizione sbagliata per due mesi e oltre, con conseguenti forti perdite potenziali.

SEGRETO n. 26: un segnale potrebbe essere coperto dopo molto tempo, pertanto bisogna prestare attenzione per non incorrere in potenziali perdite.

Però c'è sempre da dire che l'esperienza dovrebbe aiutare a fare il giusto uso di questi segnali (in relazione alla loro utilizzazione). Fra l'altro ci sono strumenti dove i segnali significano semplicemente qualcosa e altri dove invece devono essere "interpretati" (sempre però secondo una regola ben precisa).

In realtà, studiando in maniera approfondita l'argomento, ho compreso che le cose da sapere erano un paio: capite quelle, non era difficile intendere cosa volessero dire certi segnali e, nella prova che ho fatto pubblicamente su un forum (e che riporto integralmente in Appendice), non c'è stato un solo errore di interpretazione in un mese e mezzo di trading.

SEGRETO n. 27: la continua ricerca e il continuo sforzo nella comprensione dei segnali possono far pervenire a una corretta interpretazione.

Faccio un esempio che spero valga per tutti. Qui l'esperienza passata mi ha fatto capire la direzione in cui si andava, come avevo anche riportato su un forum di borsa con largo anticipo.

Segnali di novembre 2009. A novembre e in seguito anche a dicembre 2009 uscirono tutti questi segnali che, invece di essere coperti, segnalavano un listino che era sorretto al rialzo e si continuò a salire fino a metà gennaio 2010, seppure con qualche pausa.

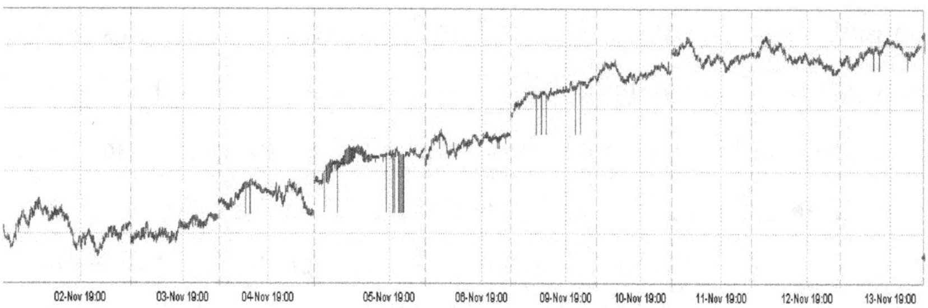

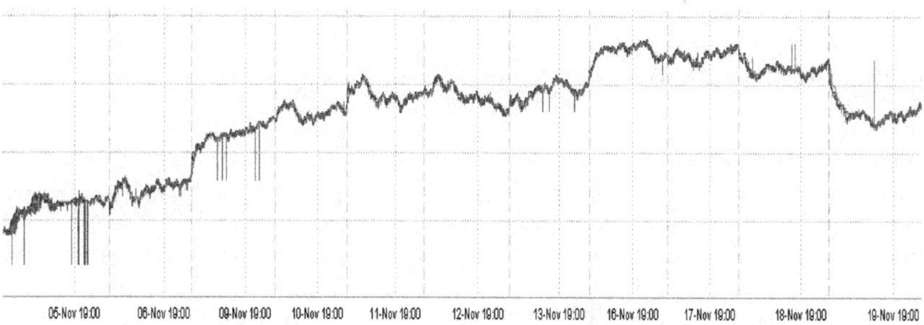

Vi chiedo di notare soprattutto le candele del 5 e del 9 novembre 2009. Queste candele vanno a "coprire" il buco che si crea in apertura e "toccano" perfettamente come minimo proprio il valore di chiusura del giorno prima. In altre parole, chiudono il cosiddetto gap.

Che significato ha questa copertura? Chi vedesse un grafico con un gap aperto si aspetterebbe che, prima o poi, il gap venga colmato, per cui i prezzi dovrebbero scendere (in questo caso) a coprire quel vuoto. Tuttavia, con queste candele lunghe il gap è colmato (ma la cosa non è visibile ai più) per cui, mentre la massa attende la chiusura del gap e dall'alto inizia a puntare sul futuro ribasso, i prezzi invece continuano a salire anche perché per loro (le macchinette che sottendono alle operazioni in borsa) il gap è già chiuso. Avere questa informazione non è cosa da poco, spero lo abbiate compreso.

Tutte quelle candele hanno dato il via al rialzo che poi, da inizio novembre 2009, è durato fino a metà gennaio 2010, con un rally del +8% circa su Dj e del +15% su questo strumento (in pratica il doppio). E adesso vediamo cosa è uscito sui grafici da fine agosto 2010 a Wall Street:

Qui il *time frame* (il periodo di riferimento del grafico, per intenderci) è diverso, proprio per vedere una serie di quasi quindici giorni consecutivi. Si vedono benissimo le stesse candele a copertura gap dei primi di settembre, poi del 9 settembre, poi di metà settembre (mai coperte). A seguire abbiamo il 20 settembre e nel grafico successivo anche i primi di ottobre:

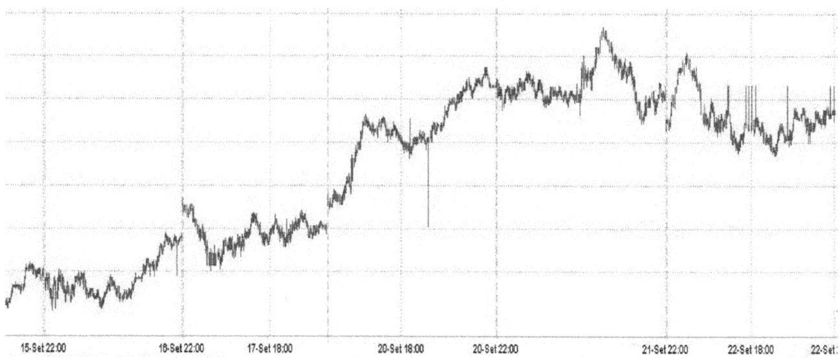

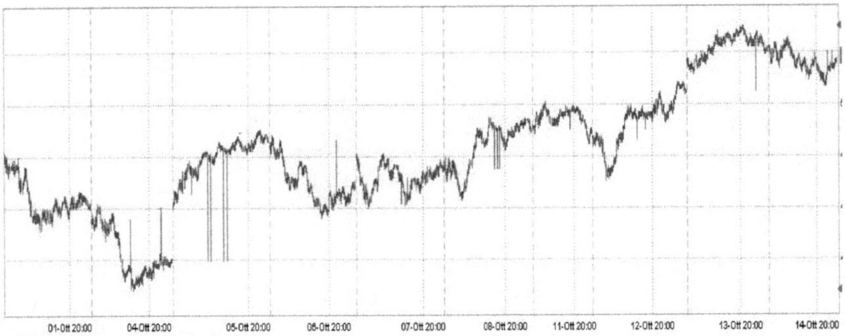

Cosa ci faceva concludere l'esperienza dell'anno prima circa la valenza di queste candele? Che sicuramente avremmo avuto una continuazione della salita. La cosa era confermata dal fatto che, su un altro strumento sotto osservazione, ai primi di settembre era uscito questo segnale:

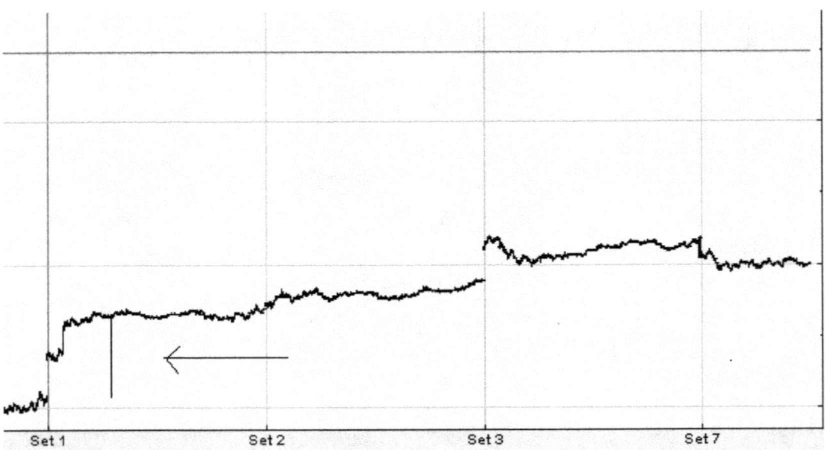

Questa candela è della portata del +2,7% circa, chiude pure un gap che su quello strumento finanziario risulta tuttora aperto (dopo quasi cinque mesi) e mi sembra spazzi via ogni dubbio sulla portata rialzista e non ribassista del segnale stesso, come qualcuno potrebbe erroneamente credere.

SEGRETO n. 28: l'esperienza passata deve sempre aiutare la comprensione di quello che si "vede", senza dare per scontato nulla.

RIEPILOGO DEL GIORNO 7:

- SEGRETO n. 26: un segnale potrebbe essere coperto dopo molto tempo, pertanto bisogna prestare attenzione per non incorrere in potenziali perdite.
- SEGRETO n. 27: la continua ricerca e il continuo sforzo nella comprensione dei segnali possono far pervenire a una corretta interpretazione.
- SEGRETO n. 28: l'esperienza passata deve sempre aiutare la comprensione di quello che si "vede", senza dare per scontato nulla.

Conclusione

La conclusione è per me la parte più difficile da scrivere. Cosa potrebbe concludere un investitore vedendo e leggendo queste cose?

Le prime riflessioni ovvie le lascio a voi. Certamente, quando leggo su forum o su siti di analisi tecniche che i movimenti sono confusi, che le "figure" di borsa (per intenderci, quelle disegnate dai grafici dei prezzi con il passare del tempo) sono deformate, manipolate e quant'altro, come faccio a non pensare a tutto ciò che ho esposto in queste pagine?

Vedere queste cose, siano o meno frutto di scelte volute, mi ha fatto perdere notevolmente la voglia di capire la borsa. Qui oramai ci ritroviamo a comprare e vendere avendo come controparte non una persona, più o meno dotata di intelligenza, mezzi e conoscenze, ma una macchina che in pochi secondi esegue operazioni in guadagno (per sé e per chi rappresenta) e brucia piccole o grandi somme dei più. Pertanto, l'assunto che i diagrammi di borsa rappresenterebbero il pensiero e le reazioni della massa degli investitori a notizie macroeconomiche – con tutti i conseguenti risvolti psicologici di euforia e depressione – sarebbe da buttare nel cestino.

Tuttavia, desidero comunque fornire una mia opinione in merito. Forse qualcuno penserà che io sia portato a credere, come molti, che le notizie macroeconomiche, e conseguentemente la reazione dei mercati, siano già conoscenza di alcuni. Ma non è così.

Quello che voglio dire è che, avendo guardato questi segnali, ritengo che non è importante come sarà un dato macroeconomico – visto che su dati positivi (o negativi) si trova a posteriori sempre la giustificazione che si adatta al comportamento assunto dal mercato – ma che i segnali escono e sono seguiti secondo i loro canoni indipendentemente da quello che sarebbe stato l'andamento più logico.

Infatti, se un dato esce positivo si può:

- salire con le quotazioni, ed è la cosa più logica perché il dato ha fornito la spinta;

- scendere, perché si è venduto sulla notizia (in quanto si presuppone che il mercato, ai prezzi attuali, l'avesse già scontata).

Per cui, non è importante sapere con anticipo come sarà il dato macro, mentre è importante sapere prima quali segnali hanno lasciato sul mercato i computer a cui è demandato il compito di controllare i movimenti del mercato stesso.

Questo per dire, quindi, che non presuppongo che si conosca a priori come uscirà un dato macroeconomico, mentre ritengo che il segnale fornisca in anticipo quella che sarà la reazione del mercato, e alla fin fine è questo il fatto più importante.

Infine, ho pensato che sicuramente a qualche lettore sarà venuta in mente la domanda: «Ma dopo aver visto questi segnali, avrà investito sulla loro base? O, in ogni caso, c'era la paura della perdita e l'insicurezza, visto che in borsa non c'è nulla di certo?»

In effetti la mia volontà principale, con questo lavoro, non era usare i segnali, ma dimostrare che tutti i movimenti in borsa sono pilotati dai computer che automaticamente fanno innumerevoli movimenti giornalieri e, pur non volendo (almeno così credo io), lasciano una traccia visibilissima, anche se non sempre facilmente individuabile né comprensibile ai più.

A conclusione del lavoro, e anche per dare maggiore credibilità a quello che vedevo, per circa un mese e mezzo ho segnalato su un forum di finanza le direzioni che secondo me avrebbero preso gli indici (italiano e americano), segnalando in certi casi con estrema precisione pure il punto di arrivo (in termini strettamente numerici).

La cosa più importante è che, mentre l'analisi tecnica (visto che su quel forum scrivono diverse persone esperte di analisi) diceva in alcuni casi l'opposto di quello che scrivevo e che vedevo, la direzione intrapresa dagli indici, entro pochi minuti, ore o giorni (se si trattava di forti escursioni di prezzo), era quella indicata dai segnali e da me riportata.

In pratica, ho fornito su quel forum segnali per diverse migliaia di punti, cosa che i trading system migliori fanno in diversi mesi, se non nell'arco di un anno.

Per l'esattezza, sono stati forniti segnali su ventiquattro giorni di borsa aperta, con un risultato globale di +6250 punti sul future italiano e, soprattutto, senza alcun errore.

Una media, quindi, di 260 punti al giorno, praticamente impossibile per chiunque (le medie migliori sono sui 60-70 punti medi al giorno, ma in nessun trading system ho trovato questa continuità).

Fra l'altro, non c'è stata nessuna operazione negativa, e anche questo non esiste nella realtà di nessun trading system, che ha il pregio sempre di guadagnare più di quello che perde.

Chiaramente, qualcuno potrebbe pensare: «Ma oltre a dare questi segnali, l'autore in pratica ha anche operato?»

Certamente, e non solo con un mio conto, ma anche con il conto di una persona che ha avuto fiducia e può contare su una certa disponibilità economica. Sul conto di questa persona c'è una sola operazione sbagliata (periodo da metà agosto a fine settembre, quando ho messo i segnali), mentre nessuna operazione sbagliata sul mio (tutto il mese di settembre), con un guadagno complessivo di circa 76.000 euro, pur utilizzando pochi mezzi.

Poiché nessun segnale indicato su quel forum è sbagliato, l'unica operazione sbagliata molto probabilmente è stata fatta non seguendo i segnali.

Riporto di seguito i risultati, che posso certificare. Su un mio conto non si è operato un solo giorno (28 settembre).

La banca in questione liquida le posizioni ogni giorno, anche se sono ancora aperte, per cui un guadagno giornaliero di poche decine di euro potrebbe dipendere dal fatto che l'indice fra apertura e chiusura si è mosso poco (al rialzo o al ribasso).

Oggi, mercoledì 06 ottobre 2010

Accesso precedente: mercoledì 29 settembre 2010, 22:30 LOGOUT

BANCA DELL'ADRIATICO

DOCUMENTI E CONTRATTI
4998 Nuovi
2029 In scadenza

EMAIL E COMUNICAZIONI
15 Nuovi messaggi

AGENDA
0 Scadenze nel mese

Giulio

Il suo profilo

SERVIZIO CLIENTI

TELEFONO | ASSISTENZA

NUMERO VERDE 800.04.09.09

MENÙ PERSONALE

- Saldo e movimenti conto corrente
- Bonifico europeo unico
- Ricarica cellulare
- Ricerca titoli e fondi
- Patrimonio

SERVIZI BANCARI
Conti correnti, carte

ASSICURAZIONI ONLINE
Auto, Moto, Camper

INVESTIMENTI
Azioni, obbligazioni, fondi

PRODOTTI ONLINE
SuperFlash, Noverca, Prestito

UTILITÀ
Mobile, Firma Digitale

Conto

MOSTRA SALDO

Scarica dati in Excel
Salva e stampa
Guida in linea

SERVIZI BANCARI

Saldo e movimenti conto corrente

MOVIMENTI | DETTAGLIO SALDO | BONUS

Movimenti

Ricerca Avanzata

Movimenti dal 01.09.2010 al 30.09.2010 - Tipo movimenti: OPERAZIONI TITOLI

DATA CONTABILE	DATA VALUTA	DESCRIZIONE	ENTRATE	USCITE
01.09.2010	01.09.2010	Operazioni Futures	165,00	
02.09.2010	02.09.2010	Operazioni Futures	1.430,00	
03.09.2010	03.09.2010	Operazioni Futures	50,00	
06.09.2010	06.09.2010	Operazioni Futures	1.000,00	
07.09.2010	07.09.2010	Operazioni Futures	30,00	
08.09.2010	08.09.2010	Operazioni Futures	254,00	
09.09.2010	09.09.2010	Operazioni Futures	1.129,00	
10.09.2010	10.09.2010	Operazioni Futures	1.985,00	
13.09.2010	13.09.2010	Operazioni Futures	197,00	
14.09.2010	14.09.2010	Operazioni Futures	915,00	
15.09.2010	15.09.2010	Operazioni Futures	180,00	
16.09.2010	16.09.2010	Operazioni Futures	737,00	
17.09.2010	17.09.2010	Operazioni Futures	213,00	
20.09.2010	20.09.2010	Operazioni Futures	734,00	
21.09.2010	21.09.2010	Operazioni Futures	176,00	
22.09.2010	22.09.2010	Operazioni Futures	200,00	
23.09.2010	23.09.2010	Operazioni Futures	940,00	
24.09.2010	24.09.2010	Operazioni Futures	805,00	
27.09.2010	27.09.2010	Operazioni Futures	135,00	
29.09.2010	29.09.2010	Operazioni Futures	743,00	
30.09.2010	30.09.2010	Operazioni Futures	356,00	

Il totale è:

01.09.2010	01.09.2010	Operazioni Futures	165,00
02.09.2010	02.09.2010	Operazioni Futures	1.430,00
03.09.2010	03.09.2010	Operazioni Futures	50,00
06.09.2010	06.09.2010	Operazioni Futures	1.000,00
07.09.2010	07.09.2010	Operazioni Futures	30,00
08.09.2010	08.09.2010	Operazioni Futures	254,00
09.09.2010	09.09.2010	Operazioni Futures	1.129,00
10.09.2010	10.09.2010	Operazioni Futures	1.985,00
13.09.2010	13.09.2010	Operazioni Futures	197,00
14.09.2010	14.09.2010	Operazioni Futures	915,00
15.09.2010	15.09.2010	Operazioni Futures	180,00
16.09.2010	16.09.2010	Operazioni Futures	737,00
17.09.2010	17.09.2010	Operazioni Futures	213,00
20.09.2010	20.09.2010	Operazioni Futures	734,00
21.09.2010	21.09.2010	Operazioni Futures	176,00
22.09.2010	22.09.2010	Operazioni Futures	200,00
23.09.2010	23.09.2010	Operazioni Futures	940,00
24.09.2010	24.09.2010	Operazioni Futures	805,00
27.09.2010	27.09.2010	Operazioni Futures	135,00
29.09.2010	29.09.2010	Operazioni Futures	743,00
30.09.2010	30.09.2010	Operazioni Futures	356,00
		Totale	**12.374,00**

Di seguito, invece, riporto le operazioni fatte sull'altro conto. Su questo le operazioni vengono liquidate solo quando sono chiuse, per cui si vede che i guadagni sono sempre consistenti, ma ciò dipende anche dalle quantità investite (circa cinque volte rispetto a quelle relative al mio conto). Queste le operazioni in utile:

Data	Valuta	Causale	Categoria	Importo Dare	Importo Avere
					43.109,22
30/09/2010	29/09/2010	ACCREDITO PROFIT & LOSS DEL 29/09/2010			1.150,00
29/09/2010	28/09/2010	ACCREDITO PROFIT & LOSS DEL 28/09/2010			4.275,00
25/09/2010	24/09/2010	ACCREDITO PROFIT & LOSS DEL 24/09/2010			6.050,00
24/09/2010	23/09/2010	ACCREDITO PROFIT & LOSS DEL 23/09/2010			9.500,00
23/09/2010	22/09/2010	ACCREDITO PROFIT & LOSS DEL 22/09/2010			3.125,00
18/09/2010	17/09/2010	ACCREDITO PROFIT & LOSS DEL 17/09/2010			2.975,00
17/09/2010	16/09/2010	ACCREDITO PROFIT & LOSS DEL 16/09/2010			3.125,00
14/09/2010	13/09/2010	ACCREDITO PROFIT & LOSS DEL 13/09/2010			5.375,00
10/09/2010	09/09/2010	ACCREDITO PROFIT & LOSS DEL 09/09/2010			4.650,00
09/09/2010	08/09/2010	ACCREDITO PROFIT & LOSS DEL 08/09/2010			3.725,00
04/09/2010	03/09/2010	ACCREDITO PROFIT & LOSS DEL 03/09/2010			1.750,00
03/09/2010	02/09/2010	ACCREDITO PROFIT & LOSS DEL 02/09/2010			1.400,00
02/09/2010	01/09/2010	ACCREDITO PROFIT & LOSS DEL 01/09/2010			5.020,00
01/09/2010	31/08/2010	ACCREDITO PROFIT & LOSS DEL 31/08/2010			2.500,00
26/08/2010	25/08/2010	ACCREDITO PROFIT & LOSS DEL 25/08/2010			2.100,00
25/08/2010	24/08/2010	ACCREDITO PROFIT & LOSS DEL 24/08/2010			5.575,00
21/08/2010	20/08/2010	ACCREDITO PROFIT & LOSS DEL 20/08/2010			480,00
19/08/2010	18/08/2010	ACCREDITO PROFIT & LOSS DEL 18/08/2010			200,00
17/08/2010	16/08/2010	ACCREDITO PROFIT & LOSS DEL 16/08/2010			2.670,00
			Subtotale:	0,00	65.645,00

Questo l'unico addebito:

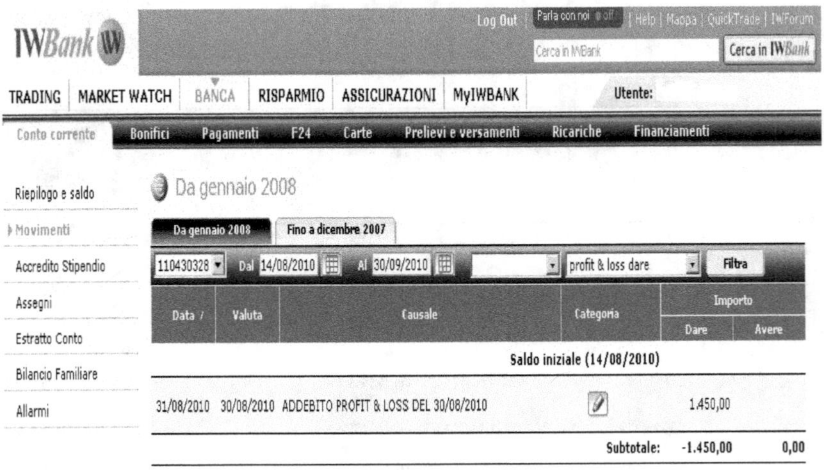

Appendice

In questa appendice registro tutte le indicazioni fornite dal 9 agosto 2010 al 23 settembre 2010, utilizzando come veicolo un forum di borsa frequentato da trader competenti e, cosa più importante, esperti di analisi tecnica a vari livelli.

Segnali in tempo reale

Qui di seguito, quindi, riporto diverse indicazioni date su quel forum e alcuni punti di vista di altri partecipanti, ma se volete approfondire l'argomento e seguire cosa succedeva nella realtà, collegatevi all'indirizzo internet: http://it.advfn.com/p.php?pid=fbb_thread&bb_id=9&id=3898465&from=13245 - first_article_divider .

Il link rimanda alla prima pagina in cui compare un mio segnale. Se non siete già registrati su ADVFN, che è un sito che fornisce in tempo reale le quotazioni e i grafici di borsa, prima dell'accesso vi sarà richiesta la registrazione.

Il forum è intitolato Ftse Mib (l'indice guida italiano) e *il mio nickname è giulio83.*

Nota bene: nessun post è stato corretto, anche se c'erano evidenti errori di battitura, proprio per mantenere integro tutto quello che era stato scritto (per esempio, nel primo post ho scritto "aspsetterei", invece di "aspetterei").

Per capire il valore in euro dei punti, ricordo che ogni punto vale un euro, e il margine richiesto dalla banca per l'investimento può variare dai 700 ai 3500 euro per contratto. In altre parole, in un mese e mezzo, con massimo 3500 euro disponibili, si sono realizzati 6250 euro di guadagno, quasi il doppio.

09/Ago/2010 09:48

giulio83

Buon giorno

Ripeto per lo short aspsetterei apertura ws, dove noi dovremmo trovarci sui 21.450/470 di future

Da li short con tprofit un migliaio di punti sotto

Chiramente se si possono aprire più contratti potete iniziare pure a shortare da qui

Subito una risposta di incredulità.

09/Ago/2010 10:04

antoniodangelo

Quotando: giulio83Buon giorno

Ripeto per lo short aspsetterei apertura ws, dove noi dovremmo trovarci sui 21.450/470 di future

Da li short con tprofit un migliaio di punti sotto

Chiramente se si possono aprire più contratti potete iniziare pure a shortare da qui

CAVOLO GIULIO... 1000 PUNTI??

mi sembri abbastanza deciso... mmm

09/Ago/2010 10:13

giulio83

Dalla sett scorsa mi pare di aver scritto arrivo a 20400/500, per cui dai

450/470 sarebbero un migliaio di punti sotto

Ciao e ci risentiamo fra 1000 pt se fa come penso

11/Ago/2010 14:32

Dejavu79

Quotando: giulio83Buon giorno

Ripeto per lo short aspsetterei apertura ws, dove noi dovremmo trovarci sui 21.450/470 di future

Da li short con tprofit un migliaio di punti sotto

Chiramente se si possono aprire più contratti potete iniziare pure a shortare da qui

hai rischiato un pò prima di un segnale da oltreoceano....comunque BRAVO.

11/Ago/2010 15:26

giulio83

Quotando: Dejavu79 Quotando: giulio83Buon giorno Ripeto per lo short aspsetterei apertura ws, dove noi dovremmo trovarci sui 21.450/470 di future

Da li short con tprofit un migliaio di punti sotto

Chiramente se si possono aprire più contratti potete iniziare pure a shortare da qui

hai rischiato un pò prima di un segnale da oltreoceano....comunque BRAVO.

il segnale c'era... adesso anche se è short la giornata, credo risaliremo da apertura ws fino a 21100, poi si vedrà

11/Ago/2010 15:35

rampani

Long da 20786

11/Ago/2010 15:42

giulio83

Forse non ce la fa, comunque meglio per chi è rimasto short Io vedo sempre i 20400/500 dalla settimana scorsa, poi li si decide, il mese e anche il futuro

11/Ago/2010 15:52

giulio83

Quotando: massimilian0ciao Giulietto...sempre più attento lettore ed interprete del mercato...complimenti

...ma ricorda sempre...cautela...cautela...cautela...sempre

scusa...

abbracci...

MASSIMILIANO..........................grazie, anche a te

11/Ago/2010 16:18

nippur67

Quotando: rampaniLong da 20786

Long pesante da 20680

11/Ago/2010 16:48

massimilian0

mmmmmmmmmmmmmmmmmmmh...

11/Ago/2010 17:02

giulio83

Dico di nuovo la mia e vi saluto

20400/20500 ad un passo, forse entro domani mattina anche poco più sotto, poi long fino a 21000/21100 e poi si vedrà (io sono convinto che poi si ridiscenda)

Due giorni dopo eravamo lì dove si era detto: primi 1000 punti di guadagno.

12/Ago/2010 14:50

giulio83

Sotto i 20400/20500 ci siamo arrivati, adesso da ws dovrebbe ripartire, ma in ogni caso solo un rimbalzo, anche forte, ma per me il futuro è short

Fatti altri 150 punti e siamo a 1150.

12/Ago/2010 17:24

giulio83

Teoricamente se chiudiamo con barra daily verde si potrebbe salire ancora, ma io mi accontento di questi 1000+150 pt fra short e long in 3 giorni, sopratutto per me che lancio monetine :-)

Aspetto semmai lo short da più in alto se vorranno farci la grazia di salire fino a 20800/21000

13/Ago/2010 16:27

giulio83

ciao GBIONDO

comunque non sono riusciti a farci rivedere i 20800 per un buon short a seguire, ma forse inizio settimana prossima

Per me è sempre da short comunque e la prossima speriamo di vedere una giornata da -3/4%

13/Ago/2010 16:31

GBIONDO

Quotando: giulio83ciao GBIONDO

comunque non sono riusciti a farci rivedere i 20800 per un buon short a seguire, ma forse inizio settimana prossima

Per me è sempre da short comunque e la prossima speriamo di vedere una giornata da -3/4%
ti faccio i miei complimenti ho letto che hai centrato in pieno i targhet!!!

14/Ago/2010 13:25
plm70
Quotando: giulio83
ciao GBIONDO comunque non sono riusciti a farci rivedere i 20800 per un buon short a seguire, ma forse inizio settimana prossima
Per me è sempre da short comunque e la prossima speriamo di vedere una giornata da -3/4%

giulio dice che vediamo prima i 20800 o i -3-4%?

io ora sono flat uscito troppo presto dallo short.

14/Ago/2010 13:41

giulio83

Prima i 20800

Ciao

16/Ago/2010 17:20

giulio83

nemmeno a 20500 hanno avuto la forza di recuperare, quindi pare siamo destinati a nuovi minimi per domani se invece con colpo di coda dovessero chiudere la barra in verde, ma non credo, allora ci sarebbe ancora spazio per salire

16/Ago/2010 23:20

gu5tav

Giulio, non voglio contraddirti, perchè la tua opinione è sicuramente più atrezzata della mia, ma io pendo per una stecca rialzista di 400-600 pts. dopo le mie previsioni non vanno.

anche perchè prevedere oltre mi spaventa alquanto.

16/Ago/2010 23:23

Dejavu79

Quotando: Dejavu79 Quotando: giulio83Prima i 20800 Ciao

forse anche i 21200/21500 con il movimento che dice mauro ma che per me si chiuderà entro la fine di agosto.

....ma posso sempre sbagliare....

FORSE FORSE........DOPO DI CHE GAME OVER.

SALUTI.

16/Ago/2010 23:46

giulio83

Si tutto è possibile, vedremo domani, se ci fanno vedere i famosi 20800, le chiusure di europa e ws non sono allineate

18/Ago/2010 22:07

giulio83

E' uscita qualche notizia o cosa?

Il future dj ha perso 50 punti in 5 minuti dopo la chiusura

18/Ago/2010 22:43

GBIONDO

nulla, Giulio, è che il rialzo ha i minuti contati..

18/Ago/2010 22:46

GBIONDO

..

Live News >> Ansa

Crisi: in Usa richieste bancarotta da record

A massimi ultimi 5 anni, nel 2/0 trimestre superate 400mila

18/Ago/2010 22:50

giulio83

Grazie GBIONDO, sono short e ci resto, poi vediamo di capire l'obiettivo della discesa

Buona notte

18/Ago/2010 08:48

GBIONDO

Quotando: giulio83Grazie GBIONDO, sono short e ci resto, poi vediamo di capire l'obiettivo della discesa

Buona notte

GIULIO IO SONO LONG...

DICO CHE FORSE NON CI SARA' TANTA STRADA DA FARE MA FINCHE' SI RESTA SOPRA I 20150

SHORT NON VADO.

19/Ago/2010 08:50

Fr4ncy

ahahahhaah....

buongiorno,

aspettatevi un bel rialzo altro che short.....

19/Ago/2010 09:43

rampani

Long da 20405-20385

...mapossosempresbagliare

19/Ago/2010 09:54

gu5tav

supershort da 20390

essicuramenteerro.

19/Ago/2010 10:06

Angioletto86

Che fatica salire però... la partenza di oggi nn mi piace x niente... sotto 20400 si scende... al contrario sopra i 207123 (max di oggi) tutto normale... si sale... :)

19/Ago/2010 10:36

giulio83

Forse dirò una stupidaggine, ma se vedi tanta fatica nella salita, non hai pensato che il movimento principale è la discesa, mentre le salite sono solo correzioni?

Comunque possibile un ritest almeno dei 650 prima di tornare a scendere

Quando tutti vedevano la salita ecco la discesa di 600 punti in un solo giorno, verso il target da me indicato con precisione. Siamo già a 1750 punti in una settimana o poco più.

19/Ago/2010 16:11

giulio83

e anche il consiglio di riprendere lo short a 650 non era male Comunque, va bene così.

19/Ago/2010 17:29

giulio83

Si anche per me, e ripeto se il lancio delle monetine continua così, dovrò pensare seriamente di continuare

19/Ago/2010 18:42

<u>GBIONDO</u>

Quotando: giulio83Si anche per me, e ripeto se il lancio delle monetine continua così, dovrò pensare seriamente di continuare

bravo Giulio, complimenti..

20/Ago/2010 11:55

<u>GBIONDO</u>*N°*

Quotando: Caligola Quotando: GBIONDOINCREMENTATO LONG..... LEV DAX E FIAT

la fortuna premia gli audaci .

OGGI TUTTI SI ASPETTANO LIVELLI PIU' BASSI O ADDIRITTURA LA PARTENZA DELL'ORSO. MA.... NON SIAMO ANCORA A POSTO CON TUTTI GLI INDICATORI... RIVEDREMO A GIORNI LIVELLI SOPRA QUELLI DI IERI PRIMA DEL CALO.

20/Ago/2010 11:59

<u>giulio83</u>

GBIONDO hai ragione, a pochissimo per me l'inizio di un rimbazlo, diciamo a 19825

È ripartito proprio da lì quel giorno con altri +400 punti il giorno successivo. Totale = 2150 punti

20/Ago/2010 12:29

manuelst

ma quale long...in banca hanno detto a tutti di vendere l' etf in leva.....

20/Ago/2010 12:35

giulio83

Sbagliato di 20 pt

20/Ago/2010 12:42

pasinijw

Io aspetterei il ritraccio al 100% per poi cercare di capire cosa voglion fare, Quindi i 19644 ma potrebbero spindere sino a 19200. Quindi state attenti a pensare al Long ora, sapendo già d'ora che..

sicuramentesbaglio !!

Ciauzzzzzzzz

20/Ago/2010 12:48

giulio83

Ciao Antonio

Io vedo solo un picoclo rimbalzo, dove può spingersi non so, massimo forse a 20200

E successivamente al rimbalzo si riprende a scendere come previsto.

24/Ago/2010 16:34

giulio83

Mi sembra pure che dai 21700 invece di salire di 2000 pt è sceso di 2200, ma forse ci vedo male, e forse non è finita qui Buona serata

24/Ago/2010 16:39

GBIONDO

Quotando: giulio83Mi sembra pure che dai 21700 invece di salire di 2000 pt è sceso di 2200, ma forse ci vedo male, e forse non è finita qui

Buona serata

BRAVO GIULIO!!

IO PURTROPPO SONO INCASTRATO LONGGG...

24/Ago/2010 16:54

giulio83

GBIONDO ma cisarà possibilità per te di uscire in settimana, poi se aspetti i minimi per rinetrare vedrai che avrai le tue belle soddisfazioni

E infatti dal giorno successivo si riparte.

26/Ago/2010 22:01

giulio83

Più si scenderà e più si salirà?

Sembra di si, però nulla toglie che il future dj deve scendere ancora prima di ripartire, chissà se lo fa stanotte o domani

Complimenti a Gu5tav che ha ben interpretato il movimento

27/Ago/2010 09:05

antoniodangelo

apertura rossa, ma molto migliore del previsto

27/Ago/2010 09:08

rampani

Si scende a 19550

Modificato il 27/Ago/2010 16:31

giulio83

il minimo il dj ancora non lo ha segnato per cui prima di quel momento non si dovrebbe salire con forza

27/Ago/2010 16:39

pirciop

Quotando: giulio83il minimo il dj ancora non lo ha segnato per cui prima di quel momento non si dovrebbe salire con forza

Puoi postare il min. che vedi ? GRazie

27/Ago/2010 16:55

giulio83

sotto i 9920 di dj e sotto i 9900 di future dj

30/Ago/2010 08:16

antoniodangelo

l'Asia e' versissima... ma c'era da aspettarselo dopo il finale di venerdi' scorso.

Si attende una partenza in area 20000

30/Ago/2010 10:27

kuei

Buon giorno e bentrovati..

Dopo le vacanze estive e non avendo seguito i mercati, che comunque non schiodano da mesi, mi riaffaccio per ipotizzare e valutare quanto potrebbe accadere nei prossimi giorni..

La seduta odierna non dovrebbe avere scossoni ci si dovrebbe mantenere su valori compresi tra 19750 e 19950..

Domani si dovrebbe decidere l'andamento per i prossimi giorni che stante l'attuale impostazione grafica potrebbe portare velocemente sotto i 19000 (probabilmente entro fine settimana). Solo il superamento di quota 20200 di spmib (ma lo ritengo molto poco probabile)potrebgbe modificare l'impostazione di breve e consentire al massimo il raggiungimento di 20650 prima di riprendere a scendere..

IL trend di medio e dui lungo rimane negativo consentendo una fase di lateralità con spread molto ampi compresi tra 18200 e 21800..

Buona giornata a tutti e... felice di rileggere Pasinijw e Gbiondo..

30/Ago/2010 12:25

giulio83

Come vedi sono qui con la mia monetina :-). spero non me la

tolgano mai
La vedi short, pure io la vedevo short ma pare che tecnicamente ci siano le condizioni favorevoli ad un rimbalzo verso la res che hai indicato tu (20.280 ho io sul future, e 20.250 sull'indice) però da li dovrebbe poi ridiscendere di nuovo come dai 1073,50 di sp500
Io sono flat adesso e attendo quei valori per mettermi short, confidando appunto nella monetina

30/Ago/2010 15:12
giulio83
Continuo a essere convinto di qeullo che avevo scritto venerdì e cioè che fino a quando il dj non ha segnato nuovamente i 9920 non si riparte
Certo a casa nostra sarebbero circa i 20210/220 di future

30/Ago/2010 15:18
giulio83
Scusate a casa ns 19210/220 ovviamente e non 20210/220

Il giorno dopo ecco arrivare il target previsto, altri 900 punti circa e siamo a 3050.

31/Ago/2010 08:25

giulio83

Buon giorno

Come dicevo venerdì e ricordavo ieri, siamo ad un passo dai 9920 di dj, infatti il future, che vale circa 10/15 pt in meno segna ora 9930

Arrivati sui 9900 di future dj si dovrebbe ripartire, io mi metto long a scaglioni da li

E quando tutti si attendevano il crollo, ecco la risalita.

31/Ago/2010 08:30

protomega

Ciao Giulio,

che ne pensi di 9750..............

31/Ago/2010 08:31

lacarlo

stamattina dovremmo aspettarci un crollo del ns indice o sbaglio?

31/Ago/2010 08:36

protomega

Quotando: lacarlostamattina dovremmo aspettarci un crollo del ns indice o sbaglio?

Ciao Carlo,

ieri avevo consigliato l' immersione......

31/Ago/2010 08:37

giulio83

Spero di no perchè vorrei mettermi long da dove ho detto quindi poco dopo l'apertura sui supporti, ma un pò alla volta appunto

31/Ago/2010 08:50

giulio83

In ogni caso a chi diceva ieri che 9900 di dj corrispodevano a 18900 nostri, io ripeto che dovremmo andare sui 19200/210 al massimo, in questo momento siamo a 19370

Adesso stacco buona giornata

31/Ago/2010 08:50

pasinijw

Non voglio disinnescare la tua voglia di metterti Long.. Ma dove tu sai vi sono ad ora due possibilità, Giulio: doppio minimo (ed avrà ragione Mauro).. ma anche il 2% sotto. Quindi occhi aperti, Giulietto..

Ciao.

31/Ago/2010 09:32

kuei

Come anticipato ieri si potrebbe molto velocemente andare.. entro fine settimana.. sotto i 19000

Quanto sotto 19000 non si può ancora stabilire..si tenga conto che il trend laterale attuale consente una discesa all'incirca intorno a 18200....

la figura di lungo periodo.. ribassista.. lascia adito ad un ritorno verso i minimi assoluti (leggermente più su) ovvero in area 14400 e ciò probabilmente entro la primavera 2012 (ciò valutato

molto approssimativamente uno ad occhio)..
L'economia si sta a mio avviso progressivamente e sempre più indebolendo il peggio deve ancora arrivare..il cambio della leadership da Occidente ad Oriente farà molte vittime..
In tutto questo frangente si tenga conto che se si dovesse uscire dalla lunga fase laterale in corso (ovvero dovesse crollare 18200..e prima o poi, secondo la mia vue,accadrà)ci potrebbe essere una accelerazione al ribasso..

Durante questa fase laterale ,se dovesse perdurare ancora molto a lungo,i massimi possibili dovrebbero essere non superiori a 20800/21000 circa..

PERDONATEMI IL PESSIMISMO (pur essendo d'indole instancabile ottimista) ma è così che la vedo !!

Buona giornata a tutti

Modificato il 31/Ago/2010 18:14

giulio83

Quotando: giulio83sotto i 9920 di dj e sotto i 9900 di future dj questo era il messaggio dell'altro giorno

mi sembra era chiaro, cmq fra indice e future ci sono pochi punti di diff

01/Set/2010 12:04

giulio83

Antonio scusami, il target è sempre 20850 oppure hai cambiato qualcosa nel conteggio?

Grazie

PS la monetina anche stavolta ha portato fortuna

01/Set/2010 12:25

rampani

Non sono convinto, attenzione a restare long potrebbe essere un tranello e falsa rottura, avevo una seconda resistenza, che pensavo non avrebbe testato a 1790,91 e 1063.2 colpita perfettamente ora vediamo cosa succedera', resto dell'idea short da questi livelli.

...esperopropriodisbagliare

01/Set/2010 17:00

giulio83

anche stavolta rispetto all'entrata proposta a 9900 circa di future dj (eravamo a 19400 di ns future) fatti +1000 pt (prossima res a 20440 +/- 5 pt)

Sono contento se avete seguito

Altri +1000 punti, totale 4050 in meno di un mese, sfido a trovare un trading system che abbia queste performance.

02/Set/2010 11:00

giulio83

Buon giorno

Oggi è congestione fra 220 e 420 e da dove si esce dirà la direzione

Un paradiso per un trader che fa long e short, ma eviterei gli short e farei i long su ogni debolezza

02/Set/2010 21:34

giulio83

Mi aspetterei a sorpresa +100 pt di dj entro domani, vediamo se li fa e arriva verso i 10400 circa, noi presumo voleremmo.

03/Set/2010 08:31

plm70

Quotando: giulio83Mi aspetterei a sorpresa +100 pt di dj entro domani, vediamo se li fa e arriva verso i 10400 circa, noi presumo voleremmo.

Vediamo, mi sembra che le borse asiatiche si siano allineate a quelle europeee senza troppa euforia per la chiusura ws. Io comunque sono ancora long. Vediamo

Anche questa previsione esatta: il giorno dopo il Dj aveva 100 punti e più.

03/Set/2010 09:33

giulio83

Buon giorno

Si dovrebbe appoggiare a 360 sup e ripartire, vedremo

La medesima cosa anche qui.

03/Set/2010 11:02

giulio83

ha fatto 370 ed è ripartito (peccato per 10 pt che su un supp si devono sempre considerare), però non dovrebbe essere la ripartenza vera adesso vedo i 250, stavolta +/- 10 pt :-)

03/Set/2010 11:50

pasinijw

Quotando: giulio83ha fatto 370 ed è ripartito (peccato per 10 pt che su un supp si devono sempre considerare), però non dovrebbe essere la ripartenza vera adesso vedo i 250, stavolta +/- 10 pt :-)

.. Scusimi...

mi dà due numeri al lotto ?

oppure 6 x il superenalotto ??

P.s.: CHE NON CI SIA TOLLERANZA !!

Ciau bellu !!!!!!!!

03/Set/2010 13:07

giulio83

Io mi aspetto sempre i 10400 di dj detti ieri e i 20660 di ns future, poi da li si vedrà

03/Set/2010 14:31

giulio83

massimo del future dj 10403, cvd

E sui massimi di giornata ho scritto:

03/Set/2010 15:58

giulio83

da qui inizio ad accumulare short

03/Set/2010 16:13

giulio83

se si sfondano i 680 si va a 550 e poi buona notte

03/Set/2010 16:48

giulio83

anche questo timing non è stato male

adesso se alle 17 simao sotto i 680 si scende a 550 altrimenti si congestiona fra 680 e il massimo

03/Set/2010 17:25

giulio83

io sinceramente vedo i 10220 di future dj come primo obiettivo della discesa, ma sicuramente sbaglio

buon fine settimana, che questa è andata benissimo

03/Set/2010 17:30

rainman79

Quotando: giulio83io sinceramente vedo i 10220 di future dj come primo obiettivo della discesa, ma sicuramente sbaglio buon fine settimana, che questa è andata benissimo

io per ora vedo 20300 di mib

03/Set/2010 17:36

giulio83

si RAINMAN, precisamente 20250 (+/- 10 pt): vediamo perchè oggi è venerdì, le borse a ws chiuse lunedì, e penso che mi prendo questi 200 pt circa in chiusura e sto sereno il fine settimanaù

E siamo a 4250 punti, ma, volendo tenere la posizione, due giorni dopo eravamo proprio lì con un gain di altri 550 punti e non solo 200.

03/Set/2010 17:59

plm70

Quotando: pasinijw Quotando: Garbo65Liquidato 40% posizioni long............ questa volta mi voglio fidare dell'opinione comune. Quanto dobbiamo scendere per ricomprare?

Se lo sapessimo saremmo stra ricchissimi !!
Quotando: giulio83si RAINMAN, precisamente 20250 (+/- 10 pt): vediamo perchè oggi è venerdì, le borse a ws chiuse lunedì, e penso che mi prendo questi 200 pt circa in chiusura e sto sereno il fine settimana

Giulio per fare queste considerazioni su che time frame ti basi? Grazie

Questo che segue è stato il complimento più bello.

04/Set/2010 14:48

protomega

Beh visto che ci sono ti faccio i miei complimenti i tp ed i suoi movimenti apparivano disegnati dalle tue parole.....
Bravo Giulio83,continua ad illuminarci ....

07/Set/2010 17:00

giulio83

Ciao a tutti. Ricordo si discuteva l'altro giorno con RAINMAN se si scendesse fino a 20300 o 20250

Dicimao che ci siamo andati vicini entrambi con i 20260 Adesso si dovrebbe risalire, anche se c'è una cosa che mi preoccupa e non poco, ma mi auguro che sarà per il futuro ribasso

07/Set/2010 17:01

GBIONDO

Quotando: giulio83Ciao a tutti. Ricordo si discuteva l'altro giorno con RAINMAN se si scendesse fino a 20300 o 20250

Dicimao che ci siamo andati vicini entrambi con i 20260

Adesso si dovrebbe risalire, anche se c'è una cosa che mi preoccupa e non poco, ma mi auguro che sarà per il futuro ribasso

si la penso anchi'io per il futuro ribasso ...

07/Set/2010 17:28

giulio83

Io sono entrato a 385 e poi a 330 e sto li
Il supp. cmq era 20240 ma in genere io entro 10/15 pt sopra, ma stavolta sono entrato e basta
A domani forse

07/Set/2010 21:32
giulio83
Dai RAIN domani si sale, anche se caso mai si dovesse ritestare zona minimi di oggi. Poi arrivati sui 21150 (dove c'è una ribassista) credo convenga uscire dal long e attendere se si storna da subito o da poco più in alto, ma sempre sotto dobbiamo andare poi.

Buona serata

Qui dato il target preciso al centesimo, raggiunto sei giorni dopo con sei giorni di anticipo. Altri +800 punti e siamo a 5050.

07/Set/2010 21:32
rainman79

Quotando: pasinijwRipeto.. forse sbaglio, ma ad ora il momentum è positivo. Stop. Quando saremo a 21/21200 si penserà allo short.

O.p..

Ovviamente posso sbagliare, e di tanto.. quindi alcun invito a mettersi Long. Solo idee avvallate da strumenti "non convenzionali e di uso comune" come direbbe qualcuno..

P.s.: Questi strumenti sono in vendita alla modica cifra di 1 milione di Eurozzi.. (in pratica mi comprate.. però non litigate pena mettere su un'asta su Ebay..)

hihihihihi

Ciauzzzzzzzzz

avrai sicuramente ragione tu......anche perchè ne sai decisamente di più...ma secondo me ci spingiamo un tantinello più su.....diciamo 21450-21600.....ma probabilmente mi sbaglio

07/Set/2010 21:48

__Mao74__

Signori i large hanno incrementato anche oggi le loro posizioni LONG !!!! A breve si dovrebbe andare su di brutto .....

08/Set/2010 06:14

__antoniodangelo__

L'Asia scende... con il Giappone in testa.

Modificato il 08/Set/2010 08:37

__kuei__

L'impostazione rimane al ribasso anche per i prox. giorni..

Vorrei essere tutt'altro che pessimista, sarò cieco ma non vedo ancora spiragli di luce per un possibile rialzo ....nel migliore dei casi permane la lateralità già in corso tra i valori già noti a tutti ..fermo restando che il target massimo al rialzo si è abbassato alla soglia di circa 21200 !!
Buona giornata

08/Set/2010 09:52

<u>ninicap</u>

Quotando: fedinopinonotate questo fatto, futures rossi di poco, comunque non tragicamente, e listini prossimi a perdite dell'1%...

il pessimismo dilaga ....

08/Set/2010 10:16

<u>kuei</u>

Quotando: kuei Consiglierei per avere idea dell'andamento nel brevissimo di impostare un grafico a 5 o 10 giorni con frame 5 minuti

secondo tale grafico adesso dovrebbe esserci un ulteriore allungo verso nuovi minimi...vedremo se è vero !

08/Set/2010 12:31

<u>giulio83</u>

meno male, meglio così

Per PLM: scusami ma ieri si è concretizzata una giornata prettamente short, per cui oggi era possibilissima una giornata buy, e tu sulla risalita sei uscito ben sapendo a questo punto che si potrbebe sicuramente continuare a salire fino alla prossima giornata short?

08/Set/2010 12:34

massimilian0

hihihihi...ammetto di essere uscito mooolto in ritardo dalla mia assicurazione ma...intanto il loooong cooooorrreeeeeeeee hihihihi

08/Set/2010 12:36

plm70

Quotando: giulio83meno male, meglio così

Per PLM: scusami ma ieri si è concretizzata una giornata prettamente short, per cui oggi era possibilissima una giornata buy, e tu sulla risalita sei uscito ben sapendo a questo punto che si potrbebe sicuramente continuare a salire fino alla prossima giornata short?

Eventualmente rientro più leggero

08/Set/2010 12:36

giulio83

Prossime res a 20.415 e poi a 20.495 (sempre con scarto di 5/10 pt)

08/Set/2010 12:43

amor3

Quotando: giulio83Prossime res a 20.415 e poi a 20.495 (sempre con scarto di 5/10 pt)

Giulio segnati con il lapis a 21500 vendiamo i 2 contratti....PAROLA DI MAGO...entro il 15 settembre

buon appettito...

NN VI FIDATE MAI DI QUELLO CHE VI DICO..ALLORA BASTA ASPETTARE..ehehehhePRUUUUUUUUUUUUUUU

08/Set/2010 12:45

massimilian0

ha riparlato er mago...esco dal long...hihihihihi (scherzo daiiiiii)

08/Set/2010 12:45

giulio83

Io sono contento se li vendo a 21150 circa che li c'è una ribassista e mi satrebbe bene, da li attednerei e se va più in alto inizio ad accumulare degli short

08/Set/2010 13:20

giulio83

anceh la seconda res è stata forata, qui si mette bene credo

Modificato il 08/Set/2010 15:44

giulio83

chiuso momentaneamente il long

08/Set/2010 15:44

giulio83

aspetto superam prossima resistenza oppure ritraccio dai 100 ai 150 pt

08/Set/2010 15:50

GBIONDO

SEGUITO GIULIO.... FLAT

Modificato il 08/Set/2010 16:00

giulio83

se alle 16 siamo sopra 550 di future si dovrebbe rientrare long Dovremmo fare altri 100 pt circa fino a 690 circa

08/Set/2010 16:18

giulio83

adesso il sup si è alzato a 450, a questo punto lo aspetto li fra oggi e domani

buona serata

Il giorno dopo si è ripartiti proprio da 440.

09/Set/2010 10:18

giulio83

Buon giorno

Non era sbagliata l'uscita ieri e il rientro a 450, ma poi sono rientrato nel finale dove ero uscito

Adesso prossime res a 690 già detta ieri e poi a 800

09/Set/2010 10:26

massimilian0

Buon giorno GIULIO, tanto di cappello

09/Set/2010 14:34

MARIUOLO

Quotando: giulio83Innanzitutto saluto anche io KUEI

Poi dico la mia sul dato

Ultimamente i sussidi non è che abbiano spostato molto e quindi non credo nemmeno oggi

La res a 790/800 ci proveranno almeno a testarla sul dato, a meno che non sia disastroso, ma il trend sembra long per cui io credo ci proveranno e che andranno anche oltre, poi da apertura ws tutto può accadere ma sembra che siamo orientati a vedre i 21000 per/entro domani

QUESTA SI CHIAMA COMPETENZA ED ESPERIERNA !! BRAVISSIMO

Come avrete capito, questa non era né competenza né esperienza, ma visione chiara dei segnali.

Modificato il 09/Set/2010 16:27

giulio83

Comunque a vederla così i supp dovrebbero reggere e stasera si sale ancora

Questa gli analisti tecn. la chiamano stabilizzazione

Fra l'altro venerdì scorso sul dato si è saliti e poi in seguito si è andati giù, oggi che la massa crede che si ripeterà la stessa cosa e si sta mettendo short si salirà ancora

A domani

09/Set/2010 16:41

massimilian0

oramai per stasera i 21000 non ce la facciamo a vederli

09/Set/2010 16:46

giulio83

MASSIMILIANO per me chiudiamo sui max, ora se è proprio 21000 o poco meno ma i 20975 dovremmo ribatterli di nuovo

09/Set/2010 16:50

massimilian0

Quotando: giulio83MASSIMILIANO per me chiudiamo sui max, ora se è proprio 21000 o poco meno ma i 20975 dovremmo ribatterli di nuovo

ok stiamo a vedere ma stasera in ogni caso CHIUDO perchè stanotte voglio dormire hihihihihi

09/Set/2010 16:55

giulio83

no MASSIMILIANO tieni

09/Set/2010 20:12

giulio83

Sbaglierò ma chiudono sui massimi a ws

Vediamo alle 22

09/Set/2010 20:17

lacarlo

Quotando: giulio83Sbaglierò ma chiudono sui massimi a ws Vediamo alle 22

cos'è? un attacco d'irrefrenabile ottimismo????????????

E infatti chiusero sui massimi e così il lunedì mattina abbiamo visto i 21.150 chiamati sei giorni prima.

10/Set/2010 08:36

giulio83

Buongiorno

Vista così il long non lo chiudo nemmeno oggi, ma molto probabilmente lunedì mattina poco dopo apertura, anche più alto dei 21000, probabilmente come detto da tempo sui 21100/150

10/Set/2010 09:55

giulio83

Per me non sta ancora salendo perchè tutti sono li a vendere nella errata supposizione che si deve scendere, poi quando arriverà l'onda long buona notte agli short

10/Set/2010 10:50

giulio83

short perfettamente incastrati, entrati in molti sotto i 695

Modificato il 10/Set/2010 14:48

giulio83

Andrea non credo il nasdaq100 future deve fare almeno i 1899 adesso è a 1890, per cui credo che l'obiettivo detto lo vedremo, poi se scendono dopo, ci saranno gli atop a tutelare i 150/200 pt circa di gain

Anche questo valore è stato perfettamente centrato.

10/Set/2010 15:06

giulio83

Qualcuno ha notato che ieri sp500 ha chiuso sopra la trend line che congiunge i max di aprile e agosto?

Sarà falsa rottura? per me si ma oggi si dovrebbe continuare a salire (e fino a lunedì mattina credo)

10/Set/2010 17:09

giulio83

Quotando: massimilian0USCITO CON LA META' RESTANTE OVER CIAO A TUTTI

:-)))

Alla fine si è convinto e il lunedì mattina ha raccolto l'ennesimo guadagno.

10/Set/2010 22:07

giulio83

Non hanno chiuso proprio male, mi sembra

Buona notte

PS per GBIONDO, mi dispiace per il tuo short, ma so che hai la pazienza di aspettare, e sai già che dalla prossima settima....

Anche questa previsione è stata centrata, perché il lunedì mattina arrivati a 21.150 si è iniziato a scendere.

13/Set/2010 08:37

giulio83

Buon giorno

Promessa mantenuta, apriamo già a ridosso della resistenza a 21030/40.

Dal conteggio della sett. scorsa dove martedì è stato giorno short, e quindi mercoledì giorno buy, oggi di nuovo buy, per cui chi se la sente, potrebbe mantenere fino al prossimo giorno short (quindi dopodomani) dove sarebbe possibile vedere anche i 21270 fra alti e bassi. Io resto dell'idea della prudenza e a 21150 inizio a realizzare. Per lo short ci si penserà appunto da metà settimana (forse)

13/Set/2010 09:08

giulio83

anche il future del nasdaq100 ha fatto i 1910 che erano l'obiettivo detto l'altro giorno

13/Set/2010 10:06

massimilian0

altra metà chiusa

13/Set/2010 10:08

giulio83

MASSIMILIANO sono contento, peccato per l'altra metà, ma va bene così

Adesso vi saluto e buona giornata, se salgono come si pensa sarà un miglior punto per lo short come detto stamattina

13/Set/2010 10:12

massimilian0

e certo che va bene così grazie Giulio buona giornata

13/Set/2010 12:23

giulio83

Ciao

Vedo che ha fatto precisi precisi i 21150, meglio di così... Io sono fuori del tutto, buona giornata

A questo punto inizia la stabilizzazione, preludio alla discesa.

13/Set/2010 14:56

giulio83

i supp sono a 20910, che se non regge, si va a 20750 circa

Modificato il 13/Set/2010 15:09

rampani

Quotando: giulio83i supp sono a 20910, che se non regge, si va a 20750 circa

Pure io li vedo a 20907 e poi a 20793

Pero' EUR-USD lo vedo allungare per 1,2874 quindi potrebbe anticipare altri massimi sul ns indice

13/Set/2010 16:39

giulio83

vi lascio pure io con le prossime res: 235 e 275, e da quello che vedo credo che sulla seconda ci arriviamo domani mattina

ricordatevi i 10700 circa di future dj, che dicevo giorni fa, forse ci arriviamo, chissà, per ora siamo a 10.560

Ci siamo arrivati tre giorni dopo.

13/Set/2010 20:08

giulio83

Ciao

Io vedo ancora segnali long, per cui credo che per ora e almeno fino a mercoledì non si scende

Questi sono matti, ma ripeto vi dico solo quello che vedo e se lo vedevo prima mi metetvo pure long over

Fra oggi e domani dovrebebro rifare i max di oggi a ws e anche andare più su vedremo domani

buona serata

Infatti, fino al mercoledì, fra piccoli alti e bassi, sono rimasti in alto.

14/Set/2010 10:50

rampani

Che ne dite di entrare long da 20833 con baffettino a 20812???

14/Set/2010 11:02

giulio83

Sarebbe long infatti RAMPANI, almeno per qllo che vedo io

Ho messo il minimo, a 20845 di future e poi vediamo

E infatti…

14/Set/2010 12:21

giulio83

Entrato long al volo, perchè resto convinto che si sale e forse anche oltre domani

oggi si sta conformando una engulfish che se confermata in chiusura porterà a rialzi fino a giovedì

14/Set/2010 12:31

pasinijw

Quotando: giulio83Entrato long al volo, perchè resto convinto che si sale e forse anche oltre domani

oggi si sta conformando una engulfish che se confermata in chiusura porterà a rialzi fino a giovedì

Infatti ho chiamato Giancarlo sul minimo a dirgli di girarsi Long.

E devo dar atto anche a Faramir, poichè vedo gli stessi targhet, ora... sempre chè, come dice Lauro, sia un pacco..

(sgrat sgrat sgrat)

Ciao.

14/Set/2010 17:34

giulio83

ok, chiuso long ede ntro short con una parte, il resto domani, credo

Altri +200 punti e siamo a 5250; infatti, dal giorno dopo, è iniziata una discesa da 1000 punti.

14/Set/2010

20a

Quotando: giulio83ok, chiuso long ede ntro short con una parte, il resto domani, credo

Bravo anche se pero' a questo punto potrebbero spingere piu' su

vedo dj male sotto sotto 10530 circa

15/Set/2010 08:50

giulio83

Buon giorno. Oggi si dovrebbe arrivare quindi al top del movimento. Le res dette l'altro giorno, 21240 e poi 21280 dovrebbero contenere l'ultima spinta, dopo di che....

A questo punto medierò lo short da quel punto e mi metto ad aspettare di cogliere i frutti.

15/Set/2010 09:01

ERMANNO84

buon dì...aspetta prima di posizionarti short...resta flat se pensi che scenda...se dovesse scendere c'è tempo x posizionarsi...non metterti contro il mercato...poi si vedrà ;) in bocca al lupo

15/Set/2010 09:18

giulio83

sono già short da ieri, e questa è ancora stabilizzazione tra supp (895) e res 21090

15/Set/2010 10:33

giulio83

Io, pur vedendo segnali di probabile continuazione al rialzo, ma dovrebbero essere di esurimento, resto short, e se si andassero a prendere i 21250, incremento

Buona giornata

Si è ricreduto dopo meno di tre ore.

15/Set/2010 11:49

ERMANNO84

apro lo short x kiuderlo a 20894 vediamo

15/Set/2010 12:30

giulio83

Persi gli 890 alle 12,30 si dovrebbe continuare a scendere

15/Set/2010 14:02

giulio83

concordo, in tutto

A questo punto pare che allo short non creda più nessuno e piano piano questi scendono, meno male che l'ho preso in tempo ieri e mal ceh vada sarà un piccolo gain, ma se va bene ....

15/Set/2010 14:31

giulio83

ripeto, ma non voglio convincere nessuno, questi piano piano....

15/Set/2010 14:34

giulio83

prossimi sup 680 e 560 visto che 760 è stato rotto

15/Set/2010 14:38

amor3

20560 sul FIB di DICEMBRE...perfetto lo strike ..hehehehehehhe un millino anche oggi..avanti savoia..

15/Set/2010 14:39

20a

Giulio quasi un peccato se ci credevi da 21100 400 pt son tanti ma qua e' un terno all'otto in sti giorni, potrebbero fare anche i pazzi e andare su di brutto

15/Set/2010 14:42

giulio83

Andrea io aspettavo più su per incrementare ma ieri ho detto in chisura che entravo short, e adesos sono già +300 pt, ma tengo A vedere bene già dalla sett scorsa era stato individuato in 21150 un buon target per il long (e lo ha fatto preciso) e un buon ingresso per lo short, oltre a dare anche il giorno dell'inversione, che era oggi e se non cambia nulla la sta facendo proprio oggi Ricordo pure che anche AMOR aveva individuato nel 15 settembre l'inversione

15/Set/2010 14:45

amor3

Quotando: giulio83Andrea io aspettavo più su per incrementare ma ieri ho detto in chisura che entravo short, e adesos sono già

+300 pt, ma tengo

A vedere bene già dalla sett scorsa era stato individuato in 21150 un buon target per il long (e lo ha fatto preciso) e un buon ingresso per lo short, oltre a dare anche il giorno dell'inversione, che era oggi e se non cambia nulla la sta facendo proprio oggi

Ricordo pure che anche AMOR aveva individuato nel 15 settembre l'inversione

Piu' o meno ..;)) PERO' OCCHIO perchè il vero PUNTO CHIAVEE' LA ROTTURA DEI 20500 li ALLORA NN CI SARANNO piu' santi ne madonne ma SOLO MAGHIIIIIIIIIIIIIII...heheheheheheheehe e dali PLUFFFFFFFFFF per 20 gg siano a 18500 19000

15/Set/2010 14:54

massimilian0

Bene, giunto destinazione finalmente.

Ho tenuto sempre gli indici sotto controllo, anche in viaggio mentre guidavo tanto fineco mi consente il real time anche sull'iphone e non devo mai togliere le mani dal volante hihihihi povero pazzo hihihihi

Interessantissima la giornata di oggi ma non sto a dire come avrei operato...troppo facile con il senno di poi...

Dico solo bravo Giulio, davvero...ma stain guardia sempre!!!

15/Set/2010 14:55

TUPAC4

Dal mio modesto punto di vista state cadendo nella trappola. Il mercato salira' ancora

GROSSISSIMA TRAPPOLA OCCHIO (pero' mi posso sempre sbagliare)
Vene d'acciaio !!!!

15/Set/2010 14:59

giulio83

MASSIMILIANO gli stop sono stati abbssati, ma non molto, vediamo, ma sempre in gain oramai si finisce la giornata

15/Set/2010 15:11

giulio83

da quello che vedo io si torna sui minimi per l'apertura di ws e poi si risale di un 1%, sui 20900 come dice ANDREA, poi non so, per ora vedo short

È andata proprio così.

15/Set/2010 15:51

giulio83

ritorno sui min fatto, adesso avrà la forza per ripartire?

15/Set/2010 16:05

GBIONDO

chiuso short in piccolo gain ed entrato long. ma non seguitemi.............!!!!!!!!!!!!!!

15/Set/2010 16:13

giulio83

sia ben chiaro che questa salita è la trappola, almeno per me

Infatti…

16/Set/2010 08:55

giulio83

Buon giorno

Rivedendo quello che sta uscendo in questi giorni, non è impensabile quello che dice RAMPANI, stessi segnali, stesso andamento di quello che successe a novembre scorso, con caduta ritardata di un paio di mesi (iniziò a fine gennaio)

Vedremo, che qui si aspettano tutti caduta imminente e invece potrebbe anche e solo essere ritardata un pò e solo quando appunto nessuno più se la aspetta Chiaramente è un'idea mia che si sat facendo strada in base a quello che ho visto ripetersi in questi giorni

Per ora vediamo di chiudere lo short sui minimi di ieri o poco più in basso e valuteremo poi il da farsi

Buona giornata

Questa è stata una segnalazione per il medio termine, basata sulla sequenza di segnali che vedevo da quasi un mese in uscita a Wall Street.

In pratica, da questi giorni Wall Street e Italia hanno iniziato a correre diversamente e, mentre l'America dopo una piccola discesa è tornata su, l'Italia è andata giù molto di più e la ripresa è stata assai modesta.

Si sono così concretizzati sia i segnali che avevo sul Dj (10.700), sia quelli di discesa in Italia (-1000 punti in pochi giorni).

16/Set/2010 11:56

pasinijw

Occhio ragazzi che sullo Stoxx stanno giocando con il fuoco..

Potrebbero esserci nuovi massimi..
Ripeto, potrebbero..

16/Set/2010 12:15

giulio83

Appunto PASINI oggi molta ma molta prudenza direi, che ho strani segnali pure io, tanto ad andare un pò più giù (ma potrebbe essre falsa rottura), quanto a proseguire in su

16/Set/2010 15:46

giulio83

per finire: supp a 660 sfondato quello 605 e si dovrebbe risalire 200 pt, vedremo

Così è stato.

16/Set/2010 22:15

gu5tav

io ho un 26" con colori meravigliosi, che coi grafici fa faville. ma devo dire che il tuo deve essere di una marca fina per vedere tutte queste cose.

il mio monitor osservandolo col grafico a diversi time frame mi ha fatto capire che domani saliranno per scendere sotto i 10450 ma magari devo cambiare monitor!(sto scherzando) per il monitor (per il tg no).

buonaserata pasinijw, sei uno spettacolo della natura

(complimenti vivissimi).

16/Set/2010 22:22

giulio83

concordo su tutto

domani vediamo i famosi 10700 di dj, ma ogni salita è occasione per mettersi short, chiaramente secondo me (i 10450 li vedo pure io, per cui abbiamo lo stesso monitor :-)

17/Set/2010 08:11

giulio83

Buon giorno

Future dj a 10670, quindi ad un passo dai 10685 (pari a 10700 di dj che si diceva nei giorni scorsi)

Io resto sempre dell'idea che ogni rimbalzo va preso per cogliere lo short

Prossimo punto di arrivo come detto ieri sera anche da GUS5TAV, i 10450 di dj, anche se io avrei qualcosina in più diciamo 10470 di future

Decisivi oggi e lunedì

17/Set/2010 10:30

giulio83

Si il momento è delicato, e lo scrivo da diversi giorni, però per ora mi sento tranquillo, e vediamo arirvati sui 700 cosa volgiono fare (parlo sempre di future, da oggi scad dicembre)

Supp 700 e poi 630, e res 830 e poi 930

17/Set/2010 10:40

GBIONDO

non ho resistito, aperto short...........

A questo punto ho dichiarato apertamente come agissi, ma nessuno vi ha dato peso.

17/Set/2010 10:51

giulio83*Non ancora toccati i 700 ma non dispero Qualcuno potrebbe dirmi, ma tu come cavolo fai? seguo le tracce che loro lasciano sui grafici e per loro intendo le macchinette per fare trading*

Vi asscicuro, questa non è borsa, meriterebbero che rimanessero solo loro sul mercato a tirarsi addosso titoli e quant'altro, poi forse le cose diventerebbero più pulite

Resto short e buona giornata

17/Set/2010 11:07

Fr4ncy

piccolo particolare poi per un po vi lascio tutto il campo per sbizzarrirvi.

HO INIZIATO A DIRE CHE SI SALIVA APPENA PRIMA DI FERRAGOSTO.....AHAHAHAHAHAH

ANDATE A LEGGERE, UOMINI DI MALAFEDE.......

17/Set/2010 12:42

giulio83

Grazie ANTONIO

Per me oggi vediamo i famosi 10450 circa di future dj e quindi ns. 20350
Diciamo che anche oggi l'entrata short suggerita è stata fruttuosa, in pratica sui max a 20800
A più tardi

17/Set/2010 12:50
amor3
LAVORATE SULLE ROTTURE E NN SBAGLIERETE MAI...........

GIULIETTO ..cosi' mi piaci...hai METODO e credi in te stesso.. ADESSO SI CHE MI PIACI... solo studiando e capendo e mettendosi delle regole e un buon metodo ottieni risultati.. BRAVOOOOOOOO

17/Set/2010 12:51
giulio83
AMOR questo è però un vero schifo credi a me

In questo commento mi riferivo chiaramente ai segnali che

vedevo.

17/Set/2010 12:52

giulio83

In ogni caso siamo saliti oggi (solo capovolgendo il grafico però) :-)

17/Set/2010 14:15

giulio83

Dite che è il caso che non esco a 20360? :-)

Prima mi ha sfiorato, ma i 10450 di future dj sono ancora lontani

17/Set/2010 14:18

giulio83

cmq concordo con GUSTAV e il suo target finale di 19900 di indice

Pochi giorni dopo sono stati battuti i 19.935, quindi altri +1000 punti e siamo a +6250 punti.

17/Set/2010 15:02

giulio83

Uscito in gran gain a 365, adesos dovrebbe, secondo i miei segni, scendere ancora 200 pt circa, ma per ora va bene così

17/Set/2010 15:09

giulio83

Sono riuscito a sfatare anche il venerdì 17 :-)

20/Set/2010 16:17

fedinopino

siamo a 10700 di dj...siete tutti svenuti??

20/Set/2010 21:23

giulio83

Buona sera

Più vedo queste salite e più credo che la botta in giù sarà forte

Oggi scrivevo a GBIONDO che ad un certo punto era uscito un chiaro segnale long, e così è stato nonostante la finta in basso
Questa mi sembra la solita euforia che caratterizza il pre FED, vedremo domani

21/Set/2010 07:53

giulio83*E infatti ANTONIO io ieri, uscito dallo short mi sono fatto un piccolo long e poi mi sono messo fuori*

Sono short con poco dalla chiusura e se va su chiudo senza tanti problemi

Un grazie di tutto e ciao

21/Set/2010 10:15

giulio83

Bene, inizio ad accumulare short su ogni res, e poi in discesa quando inizieranno a scendre

Ci sentiamo fine settimana

E infatti, nel fine settimana, cioè venerdì, è stato segnato il minimo a 19.935 (chiamati i 19.900).

21/Set/2010 10:30

GBIONDO

si sempre short

21/Set/2010 10:36

pasinijw

Giulio e Giancarlo:

Siete proprio strani.

Io oltre che darvi e dirvi dove possono andare non posso.

Fate vobis.

P.s.: a questo punto è davvero inutile quel che faccio. e lo facevo solo x voi.

Mi spiace.

Vado a sciacquarmi, che forse è meglio.

21/Set/2010 14:31

fedinopino

il dato e' buono pare...chi ce l'ha?

21/Set/2010 14:41

giulio83

I dati sono leggermente superiori alle attese

Per me, da quello che vedo, finale in discesa

Prima ribattiamo o superiamo il max già fatto del future a 20880 e poi si dovrebbe scendere. Vedremo

E infatti...

21/Set/2010 15:05

20a

Quotando: 20a Quotando: giulio83Bene, inizio ad accumulare short su ogni res, e poi in discesa quando inizieranno a scendre

Ci sentiamo fine settimana

Giulio ma non pensi che possano arrivare di nuovo anche a 21000 prima di incrementare aspetterei segnali piu' forti per lo short io sta sera mi guardo meglio l grafico perche' adesso non ho tempo

adesso per me arrivano a 21000/50 poi quello che succedera' se verra' giu' non lo so' ma ho questa sensazione

21/Set/2010 16:11

giulio83

Non voglio dire niente, ma mi pare che tra i livelli che da ANTONIO e queste "cose" che vedo io, siamo ai limiti del micidiale

21/Set/2010 16:13

MARIUOLO

Quotando: giulio83Non voglio dire niente, ma mi pare che tra i livelli che da ANTONIO e queste "cose" che vedo io, siamo ai limiti del micidiale

Un pò meno criptico....

21/Set/2010 16:16

giulio83

non si può :-) cmq avevo scritot che si ribatteva almeno prima il max a 880 o poco più su e poi si scendeva

Il max lo ha fatto a 885, poi è sceso di 160 pt circa adesos vedimao se continua

Se alle 16,30 siamo sotto 20710 allora si continua a scendere

21/Set/2010 16:16

gu5tav

giulio non sarai parente del drone di blade runner?

21/Set/2010 16:48

giulio83

Lo stesso vale se si sta sotto i 710 alle 17, e andremmo verso i 600

In chiusura abbiamo battuto 19.600.

21/Set/2010 17:29

giulio83

vada come vada non mi dite che da dove vi avevo detto non si è scesi fino alla fine. Alle 17,37/38 chiudo lo short in gain e buona serata a tutti

21/Set/2010 17:40

giulio83

ecco i 600, toccati perfettamente

22/Set/2010 09:36

GBIONDO

CHIUSO IN OTTIMO GAINNNNNNNNNN

Modificato il 22/Set/2010 10:22

giulio83

Buon giorno

Devo dire sinceramente che mi sono fatto così tanto influenzare dai long long, che questo short oggi non me lo sono fatto. Mi sembrava di essere entrato benissimo ieri sui max

Va bene vediamo se torna sulla res a 20550 circa (ma non ci credo) per reimpostare short con primo obiettivo 19970

22/Set/2010 16:49

GBIONDO

un complimenti a Giulio!!!! che non sbaglia un colpo.

23/Set/2010 10:39

giulio83

supp a 20105 e poi a 20065 (che sarebbe in termini di future circa i 20150 di ANTONIO sull'indice), ma non escluderei di tenre fino a 19920 almeno (altro supp) e oltre....

23/Set/2010 10:47

giulio83

io sinceramente per oggi vedrei i 19920 e da li un rimbalzo

a più tardi

Minimo a 19.935 e segnale sul forte ribasso per il medio termine.

Qui invece riporto l'indicazione dell'uscita del forte segnale di ribasso che abbiamo visto a pagina 21 di questo ebook. Chi volesse può seguire tutti i commenti fatti cliccando su questo link: *http://it.advfn.com/p.php?pid=fbb_thread&bb_id=9&id=5774893*

Il forum era intitolato *Il grande ribasso.*

03/Apr/2010 09:41

giulio83

Buon giorno

Dico la mia in base a quello che mi è capitato di vedere su un grafico

Se la storia si ripeterà, come un anno e mezzo fa, dopo un'ulteriore salita, dove arriveremo sulla cima del baratro, faremo una caduta, dove i minimi di marzo 2009, a fine caduta, saranno una forte resistenza, invece di essere un supporto
Io spero che quello che ho visto non sia vero, lo spero tanto

03/Apr/2010 10:16

plm70

Ciao Giulio, l'ulteriore salita si riferisce all'immediato(prox 1-2 settimane)
o cosa? Io mi aspetterei una correzione prima anche se non marcata.
Poi parli di baratro .... indicativamente hai qualche dato in più?
Non è che puoi postare quello che hai visto?
Grazie e buona giornata

03/Apr/2010 12:56

giulio83

Si l'ulteriore salita si riferisce all'immediato No, non posso postarlo, almeno non ora. Vedremo più avanti. Sono curioso di vedere se seguono come l'altra volta: se così fosse non posso nemmeno dirvi dove arriviamo perchè mi ridereste in faccia

Come sempre, c'è stata incredulità da parte degli altri utenti.

04/Apr/2010 09:17

daniele3

Mah....................

Modificato il 05/Apr/2010 00:21

ciappola

Quotando: daniele3Mah....................

mi associo, mah..............

Circa venti giorni dopo l'uscita del segnale riportai lo stesso sul forum.

Modificato il 16/Apr/2010 11:42

giulio83

Vi lascio con i vostri dubbi e con questa cosa che ho trovato

Come scrissi tempo fa se sarà seguito questo "segnale" saranno dolori

Buona giornata

http://img21.imageshack.us/i/segnali.jpg/][IMG]http://img21.imageshack.us/img21 /8672/segnali.jpg

16/Apr/2010 12:00

marduk75

Quotando: giulio83Vi lascio con i vostri dubbi e con questa cosa che ho trovato

Come scrissi tempo fa se sarà seguito questo "segnale" saranno dolori

Buona giornata

http://img21.imageshack.us/img21/8672/segnali.jpg">http://img21.imageshack.us/i/segnali.jpg/][IMG]http://img21.imageshack.us/img21/8672/segnali.jpg

stesso scherzo di ieri c'è 1 piccolo cenno di ribasso e poi rinpinguano tutto : le soluzioni sono 2 : o non metti stop loss e stai in balia delle tue idee o te li colpiscono o meglio non operi . ma se 6 cosi convinto ti consiglio di prendere 1 opzione almeno non sei in balia di tutte queste finte .

16/Apr/2010 16:38

Telemaco3

....è iniziato o è solo una finta ?

16/Apr/2010 16:55

paolobradi

Quotando: Caligola

se invece domani crolla tutto ti chiederò scusa

fiu fiu

poi ti mostro il mio settimanale solo short

http://www.youtube.com/watch?v=woSQDYu0g8M

16/Apr/2010 16:55

Garbo65

aiutoooooooooooooooooooooooo

27/Apr/2010 22:49

4everDepecheMode

Quotando: Telemaco3....è iniziato o è solo una finta ? L'impressione è che sia iniziato... Ottima Wally, tre centri con un colpo solo: il Dow perde (di poco) gli 11100 punti, il Nasdaq i 2500 e lo S&P 500 i 1200.

04/Mag/2010 23:01

giulio83

Quotando: giulio83Vi lascio con i vostri dubbi e con questa cosa che ho trovato

Come scrissi tempo fa se sarà seguito questo "segnale" saranno dolori

Buona giornata

http://img21.imageshack.us/img21/8672/segnali.jpg">http://img21.imageshack.us/i/segnali.jpg/][IMG]http://img21.imageshack.us/

img21/8672/segnali.jpg

Sempre di attualità questo post scritto appunto prima che si inziasse a scendere

Buona notte

04/Mag/2010 23:05

Dejavu79

Quotando: giulio83 Quotando: giulio83Vi lascio con i vostri dubbi e con questa cosa che ho trovato
Come scrissi tempo fa se sarà seguito questo "segnale" saranno dolori
Buona giornata
http://img21.imageshack.us/img21/8672/segnali.jpg">http://img21.imageshack.us/i/segnali.jpg/][IMG]http://img21.imageshack.us/img21/8672/segnali.jpg

Sempre di attualità questo post scritto appunto prima che si inziasse a scendere

Buona notte

CIAO GIULIO, COME TI DICEVO TEMPO FA, PER ME NUOVI MINIMI ASSOLUTI ENTRO IL PRIMO/SECONDO TRIMESTRE 2012.

Ciao.

http://www.youtube.com/watch?v=86kRTAjlId4

Modificato il 04/Mag/2010 23:22

freestyle5

Quotando: Dejavu79 Quotando: giulio83 Quotando: giulio83Vi lascio con i vostri dubbi e con questa cosa che ho trovato Come scrissi tempo fa se sarà seguito questo "segnale" saranno dolori

Buona giornata

http://img21.imageshack.us/img21/8672/segnali.jpg">http://img21.imageshack.us/i/segnali.jpg/][IMG]http://img21.imageshack.us/img21/8672/segnali.jpg

Sempre di attualità questo post scritto appunto prima che si inziasse a scendere

Buona notte

CIAO GIULIO, COME TI DICEVO TEMPO FA, PER ME NUOVI MINIMI ASSOLUTI ENTRO IL PRIMO/SECONDO TRIMESTRE 2012.

Ciao.

http://www.youtube.com/watch?v=86kRTAjlId4

allora siamo in una botte di ferro, in quella data saremo già belli ke andati...

05/Mag/2010 05:57

giulio83

Ciao DEJA e ciao FREE

La seconda parte della crisi, come scrive da tempo il buon MAZZALAI, dopo la bolla in cui siamo entrati, ci porterà a 400 circa di SP500

Il segnale porta invece a 300 circa e poichè gli americani sono buontemponi, dopo il minimo assoluto a 666, faranno di tutto per arrivare a 333!!!

Buona giornata

06/Mag/2010 08:56

giulio83

Quotando: freestyle5 Quotando: giulio83Ciao DEJA e ciao FREE

La seconda parte della crisi, come scrive da tempo il buon MAZZALAI, dopo la bolla in cui siamo entrati, ci porterà a 400 circa di SP500

Il segnale porta invece a 300 circa e poichè gli americani sono buontemponi, dopo il minimo assoluto a 666, faranno di tutto per arrivare a 333!!!

Buona giornata

ciao Giulio, nn mi cimento + nelle lunghe tratte, preferisco percorsi brevi e veloci, indi dove saremo fra 2 anni, personalmente poco mi interessa, il futuro deve essere ancora scritto e l'imponderabile è sempre in agguato...

Ciao FREE nemmeno io, era solo per dire che questo segnale uscito per ora sta facendo il suo dovere, e sarebbe terribile pensare che lo faccia fino in fondo

06/Mag/2010 18:55

giulio83

Il segnale di ribasso sta ottenendo gli effetti dovuti Io credo comunque che ci rialzeremo, però ho notato che in molti forum si spara a rialzi stellari e forse qualche persona in malafede c'è

Buona serata

08/Mag/2010 11:41

giulio83

E adesso c'è chi vede obiettivo 300 di SP500 già da me anticipatovi tempo fa, in base a quel segnale che avevo postato qui sopra in tempi in cui si parlava di favolosi rialzi

http://www.proiezionidiborsa.blogspot.com/

Questa è un'affermazione di chi sicuramente stava posizionato al rialzo e aveva iniziato a innervosirsi.

08/Mag/2010 12:31

Garbo65

Quotando: giulio83E adesso c'è chi vede obiettivo 300 di SP500 già da me anticipatovi tempo fa, in base a quel segnale che avevo postato qui sopra in tempi in cui si parlava di favolosi rialzi http://www.proiezionidiborsa.blogspot.com/

Non si può passare dall'ottimismo più sfrenato alla depressione totale.
Il fatto è che a seconda del momento rialzista o ribassista spuntano le persone che avevano "pronosticato" un andamento piuttosto che l'altro.
Credo che il mercato azionario sia sempre stato così...alti e bassi.
La speculazione ha sempre sfruttato e ignorato le notizie a proprio piacimento, la speculazione ha sempre mosso i mercati, la speculazione secondo me ha bisogno ora di un forte rialzo per tornare a speculare. E allora riappariranno coloro i quali propendevano per la tesi rialzista e poi di nuovo i catastrofisti

08/Mag/2010 12:49

Caligola

Quotando: Garbo65 Quotando: giulio83E adesso c'è chi vede obiettivo 300 di SP500 già da me anticipatovi tempo fa, in base a quel segnale che avevo postato qui sopra in tempi in cui si parlava di favolosi rialzi
http://www.proiezionidiborsa.blogspot.com/

Non si può passare dall'ottimismo più sfrenato alla depressione totale.
Il fatto è che a seconda del momento rialzista o ribassista spuntano le persone che avevano "pronosticato" un andamento piuttosto che l'altro.
Credo che il mercato azionario sia sempre stato così...alti e bassi.
La speculazione ha sempre sfruttato e ignorato le notizie a proprio piacimento, la speculazione ha sempre mosso i mercati, la speculazione secondo me ha bisogno ora di un forte rialzo per tornare a speculare. E allora riappariranno coloro i quali propendevano per la tesi rialzista e poi di nuovo i catastrofisti

giusto , bravo , bis

e aggiungo che per guadagnare bisogna anche saper andare

controcorrente al momento giusto . chi si lascia influenzare dalle sirene ora rialziste , ora ribassiste prima o poi resta in mutande .

08/Mag/2010 13:15

giulio83

Mi pare che siete completamente fuori strada
Vi avevo postato un segnale pochi giorni prima dell'inzio del ribasso
Ci fu chi mi rise in faccia. Il segnale porta molto in basso (250/300 di SP500), non l'ho inventato io, l'ho solo riportato. Quindi io non ho pronosticato nulla ho solo scritto e fatto vedere a tutti il segnale. Chi ha creduto si è salvato, ha salvato tanto dei propri investimenti

Ma come sempre se si segnala qualcosa invece di considerarlo un fatto di pura collaborazione, da parte degli altri c'è solo l'intento di distruggere e non di costruire.
Felice fine settimana a tutti

Modificato il 08/Mag/2010 13:36

Telemaco3

Quotando: giulio83Mi pare che siete completamente fuori strada
Vi avevo postato un segnale pochi giorni prima dell'inzio del ribasso
Ci fu chi mi rise in faccia. Il segnale porta molto in basso (250/300 di SP500), non l'ho inventato io, l'ho solo riportato. Quindi io non ho pronosticato nulla ho solo scritto e fatto vedere a tutti il segnale. Chi ha creduto si è salvato, ha salvato tanto dei propri investimenti
Ma come sempre se si segnala qualcosa invece di considerarlo un fatto di pura collaborazione, da parte degli altri c'è solo l'intento di distruggere e non di costruire.
Felice fine settimana a tutti

Io non dico che non è possibile quel target ribassista che riporti , anche se mi sembra un pò esagerato .

saluti a te Giulio

08/Mag/2010 14:23
rainman79
Quotando: giulio83Mi pare che siete completamente fuori strada

Vi avevo postato un segnale pochi giorni prima dell'inzio del ribasso
Ci fu chi mi rise in faccia. Il segnale porta molto in basso (250/300 di SP500), non l'ho inventato io, l'ho solo riportato. Quindi io non ho pronosticato nulla ho solo scritto e fatto vedere a tutti il segnale. Chi ha creduto si è salvato, ha salvato tanto dei propri investimenti
Ma come sempre se si segnala qualcosa invece di considerarlo un fatto di pura collaborazione, da parte degli altri c'è solo l'intento di distruggere e non di costruire.
Felice fine settimana a tutti
io credo che il tuo segnale sia giustissimo.....ma credo che manchi ancora un po.....ora vedo un trend moderatamente rialzista per una quarantina di giorni.....poi vedremo che succederà
ovviamente opinione personale

08/Mag/2010 17:46

Caligola

Quotando: giulio83Mi pare che siete completamente fuori strada
Vi avevo postato un segnale pochi giorni prima dell'inzio del

ribasso
Ci fu chi mi rise in faccia. Il segnale porta molto in basso (250/300 di SP500), non l'ho inventato io, l'ho solo riportato. Quindi io non ho pronosticato nulla ho solo scritto e fatto vedere a tutti il segnale. Chi ha creduto si è salvato, ha salvato tanto dei propri investimenti
Ma come sempre se si segnala qualcosa invece di considerarlo un fatto di pura collaborazione, da parte degli altri c'è solo l'intento di distruggere e non di costruire.
Felice fine settimana a tutti

Salve Giulio

a parte il fatto che non ricordo quando ci avevi detto di vendere tutto ma non importa perchè se dovessi dar retta a tutti quelli che scrivono diventerei più matto di quel che sono , a parte il fatto che lo S&P500 a 300 vorrebbe dire che la Terra sarebbe sconvolta da chissà quali guerre e cataclismi ...

Io NON POSSO NEGARE CHE LA POSSIBILITà ESISTE e già dai tempi che scrivevo sul TITANIC avevo messo in guardia tutti .

Però quel che mi da fastidio è che proprio quando la borsa è ai minimi saltate fuori in 50 a dire le stesse cose che in fondo si sapevano già da anni .
E guardacaso spesso proprio quando il pessimismo è al massimo si ha un BOOM improvviso che non si vede nemmeno in sei mesi di trend rialzista tranquillo e sonnolento com' era fino a un mese fa .

Dopo che ci sarà un forte rimbalzo probabilmente anch' io venderò tutto o mi metterò short ma non vedo proprio perchè dovrei farlo proprio adesso , anzi ti dirò che la voglia di incrementare o raddoppiare o mediare quel poco che ho è molto forte .

E comunque resterebbe sempre il problema dopo , di dove mettere i soldi al sicuro visto che anche gli short tanto sicuri non sono ma questo si vedrà in seguito.
Finirò per dar tutto ai poveri così mi tolgo il pensiero .

saluti

08/Mag/2010 18:05

giulio83

Mai detto di vendere tutto. Vedo che come al solito mal intepretate.

Ti ritrovo il post stasera (che chiaramente suscitò ilarità e quando mai appena io posto qualcosa). C'era solo la segnalazione di quanto avevo visto, con tanto di grafico, e dissi che se seguiva quella strada sarebbe stato il baratro. Per cui chi voleva restare long affari suoi. Scrissi anche nella spiegazione del segnale che prima si sarebbe saliti un altro pò, tutto perfettamente avvearatosi. Ma ripeto non perchè l'ho detto io, ma perchè quel segnale vuol dire solo ed esclusiavemente quello Visti i livelli rotti in questi giorni non è più così impensabile che lo faccia

Ricordo che parlai anche del MAZZALAI che vedeva all'inicirca 400 di SP500 per l'anno prossimo (e lui lo dice da tempo) Poi nei gg successivi ci fu la discussione su questo o altri forum non ricordo sulla validità di tenere le azioni fino allo stacco del dividendo

Ciao

Modificato il 08/Mag/2010 19:55

Garbo65

Quotando: giulio83Mai detto di vendere tutto. Vedo che come al solito mal intepretate.

Ti ritrovo il post stasera (che chiaramente suscitò ilarità e quando mai appena io posto qualcosa). C'era solo la segnalazione di quanto avevo visto, con tanto di grafico, e dissi che se seguiva quella strada sarebbe stato il baratro. Per cui chi voleva restare long affari suoi. Scrissi anche nella spiegazione del segnale che prima si sarebbe saliti un altro pò, tutto perfettamente avvearatosi. Ma ripeto non perchè l'ho detto io, ma perchè quel segnale vuol dire solo ed esclusiavemente quello Visti i livelli rotti in questi giorni non è più così impensabile che lo faccia

Ricordo che parlai anche del MAZZALAI che vedeva all'inicirca 400 di SP500 per l'anno prossimo (e lui lo dice da tempo) Poi nei gg successivi ci fu la discussione su questo o altri forum non ricordo sulla validità di tenere le azioni fino allo stacco del dividendo

Ciao

Non è per sminuire la tua collaborazione, ma ricordo che in tanti abbiamo paventato la probabilità di un ritraccio e il conseguente suggerimento di alleggerirsi. Secondo il segnale da te postato quando si dovrebbero raggiungere quindi questi fatidici 250/300 di S&P? ....Settembre 2011? E' vero che il ritracciamento fatto finora è forse superiore alle previsioni che tutti avevano fatto, ma da lì a piombare nell'abisso c'è ancora molta strada. Comunque vedremo. Intanto vorrei sapere secondo le tue idee dove dovremo essere tra 2/3 mesi

Modificato il 08/Mag/2010 20:05

Garbo65

Quotando: giulio83Il segnale di ribasso sta ottenendo gli effetti dovuti

Io credo comunque che ci rialzeremo, però ho notato che in molti forum si spara a rialzi stellari e forse qualche persona in malafede c'è

Buona serata

Non potrebbe esserci qualcuno in malafede anche nello sparare un ribasso del genere?
Certo tutto è possibile, ma cerchiamo di non fare a gara a chi la spara più grossa, soprattutto parliamo del breve medio termine che per il lungo si sa tutto può succedere

08/Mag/2010 21:26

giulio83

Guarda a me non interessa sparare su o giù io posto cose oggettive. Quello è uscito e quello ho postato
Ne uscì uno analogo a luglio 2008 e portava preciso preciso dove siamo arrivati a marzo 2009
Ecco perchè ho avvertito. Tutto qui. Io monitoro quelle cose, perchè sono tracce che i sitemi automatici di trading o se le volete chimare macchinette è uguale, lasciano sui grafici e dicono esattamente le intenzioni
Poi gurada caso oggi per la prima volta leggo che un sito riporta una proiezione su quei valori, e per questo mi è venuta voglia di ricordare quel segnale
Buona serata

08/Mag/2010 21:41

giulio83

A tale proposito ho ritrovato i post:

numero 5 dove avvertivo del segnale
numero 8
il numero 10 e 11 erano di scetticismo di altri utenti
numero 82 dove per fare contento qulcuno dicevo che nel lungo si vedevano i 29000 (ed è come la pensavano tutti sui vari forum, almeno gli analisti tecnici, se li vogliamo chiamare così
numero 85 dove CALIGOLA annuiva ai 29.000
numero 90 solito scetticismo (a proposito questo diceva che tutti scrivono solo cavolate, ma le idiozie più grosse le ho lette proprio da lui)
NUMERO 98 HO PUBBLICATO IL SEGNALE E QUI TROVI TUTTE LE SPIEGAZIONI
numero 99 un altro utente diceva che era un primo cenno di ribasso :-)
il resto è storia
Guardati le date e fatti un'idea e se ho scirtto di veneder tutto o di metetrsi short io ho solo avvertito e circostanziato quello che dicevo, le chiacchiere senza riscontro le lascio fare agli altri

Adesso è proprio il caso di dire buona serata e felice settimana

A proposito io sono long over da venerdì, perchè il rimbalzo lo attendo pure io

Il 10 mattina la borsa, dopo aver fatto il suo minimo il giorno 7, aprì con un +5% di rialzo, circa +1000 punti, e a fine giornata il rialzo fu di circa il 10%: tutto in un solo giorno!

www.ingramcontent.com/pod-product-compliance
Lightning Source LLC
LaVergne TN
LVHW050853051026
849532LV00006BA/2235